I0137919

Q. HORATIVS FLACCVS
CARMINA

LATEINISCH UND DEUTSCH

BEI ERNST HEIMERAN MÜNCHEN
1927

C A R M I N A

ERSTER BAND DER TUSCULUM-BÜCHER
2. DURCHGESEHENE AUFLAGE. 3.—5. TAUSEND

ODEN UND EPODEN

NACH THEODOR KAYSER UND F. O. VON NORDENFLYCHT
HERAUSGEGEBEN VON FRANZ BURGER IN MÜNCHEN

1

Maecenas atavis edite regibus,
O et praesidium et dulce decus meum,
Sunt quos curriculo pulverem Olympicum
Collegisse iuvat metaque fervidis
Evitata rotis palmaque nobilis   5
Terrarum dominos evehit ad deos;
Hunc, si mobilium turba Quiritium
Certat tergeminis tollere honoribus;
Illum, si proprio condidit horreo
Quidquid de Libycis verritur areis.   10
Gaudentem patrios findere sarculo
Agros Attalicis condicionibus
Numquam dimoveas, ut trabe Cypria
Myrtoum pavidus nauta secet mare;
Luctantem Icariis fluctibus Africum   15
Mercator metuens otium et oppidi
Laudat rura sui: mox reficit rates
Quassas indocilis pauperiem pati.
Est qui nec veteris pocula Massici
Nec partem solido demere de die   20
Spernit, nunc viridi membra sub arbuto
Stratus nunc ad aquae lene caput sacrae;
Multos castra iuvant et lituo tubae
Permixtus sonitus bellaque matribus
Detestata; manet sub Iove frigido   25
Venator tenerae coniugis immemor,
Seu visa est catulis cerva fidelibus
Seu rupit teretes Marsus aper plagas.
Me doctarum hederae praemia frontium
Dis miscent superis, me gelidum nemus   30
Nympharumque leves cum Satyris chori
Secernunt populo, si neque tibias
Euterpe cohibet nec Polyhymnia
Lesboum refugit tendere barbiton:

ZUEIGNUNG

Uralt edeln Geschlechts fürstlicher Sproß, Mäcen,
Du mein Schutz und mein Hort, du o mein Schmuck,
Rings um Wagen und Roß Staub in Olympia [mein Stolz,
Aufzuwirbeln erfreut manche; wenn hart ums Ziel
Rollt das glühende Rad, stellt sie der ehrende
Zweig der Palme der Welt Herrschern, den Göttern gleich;
Dem ist's Wonne, wenn Roms schwankende Bürger-
Ihn im Sturm zu der Ehr obersten Stufen trägt; [schaft
Dem, wenn er als Besitz birgt in der Speicher Raum,
Was man nur vom Bereich libyscher Tennen kehrt.
Wer sein väterlich Feld froh mit der Hacke bricht,
Nie, und bötest du selbst Attalus Gold ihm an,
Niemals locktest du den durch die myrtoische
Flut auf cyprischem Kiel bebenden Muts zu ziehn;
Wenn die Stürme des Südens mit der ikarischen
Meerflut ringen, da preist zitternd der Handelsherr
Ruh und heimische Flur: morgen erbaut er sich
Neu sein Schiff, denn er lernt nimmer genügsam sein.
Dem lacht ein Pokal alternden Massikers,
Vom werktätigen Tag bricht er sich Stunden ab,
Bald im Schatten gestreckt grünenden Erdbeerbaums,
Bald am murmelnden Quell heiliger Wasserflut;
Dem ists wohl in dem Feld, Lager und Hörnerklang
Mit Drommeten vermischt freut ihn und Schlachtgewühl,
Das die Mutter verflucht; unter des Himmels Frost
Harrt der Jäger und denkt nimmer des jungen Weibs,
Wenn den Hirsch ihm erspürt folgsamer Hunde Schar,
Wenn das dünne Geflecht marsisches Wild durchbrach.
Mich eint Epheu, der Schmuck kundiger Dichterstirn,
Mit den Himmlischen, mich sondert der kühle Hain
Und mit Satyrn im Tanz schwebender Nymphenchor
Ab vom Volke, wenn nur weder der Flöte Klang
Mir Euterpe versagt, noch Polyhymnia
Mir zu stimmen verschmäht lesbisches Saitenspiel:

Quodsi me lyricis vatibus inseres,
Sublimi feriam sidera vertice.   35

2

Iam satis terris nivis atque dirae
Grandinis misit pater et rubente
Dextera sacras iaculatus arces
     Terruit urbem,

Terruit gentes, grave ne rediret   5
Saeculum Pyrrhae nova monstra questae:
Omne cum Proteus pecus egit altos
     Visere montes,

Piscium et summa genus haesit ulmo,
Nota quae sedes fuerat columbis,   10
Et superiecto pavidae natarunt
     Aequore dammae.

Vidimus flavum Tiberim retortis
Litore Etrusco violenter undis
Ire deiectum monumenta regis   15
     Templaque Vestae:

Iliae dum se nimium querenti
Iactat ultorem, vagus et sinistra
Labitur ripa Iove non probante u-
     xorius amnis.   20

Audiet civis acuisse ferrum
Quo graves Persae melius perirent,
Audiet pugnas vitio parentum
     Rara iuventus.

Quem vocet divum populus ruentis   25
Imperi rebus? prece qua fatigent
Virgines sanctae minus audientem
     Carmina Vestam?

Ja reihst du mich dem Kreis lyrischer Sänger ein,
O dann heb ich das Haupt hoch zu den Sternen auf!

AN OKTAVIAN DEN VERSÖHNER

Schnee genug und schaurigen Hagel sandte
Jetzt der Welt der Vater, mit flammendrotem
Arme traf er schmetternd die heilgen Höhn und
    Schreckte die Hauptstadt,

Schreckte rings die Völker, es kehre Pyrrhas
Böse Zeit voll schrecklicher Wunder wieder:
Als des Proteus Herde zu hoher Berge
    Spitzen hinanstieg,

Als der Fisch sich fing in der Ulme Wipfel,
Wo zuvor der Taube gewohnter Sitz war,
Und auf hochhinwogender Flut die Gemse
    Zitternd dahinschwamm.

Sahn wir doch, wie Tibris der gelbe mächtig
Rückgedrängt vom tuskischen Meeresstrande
Kam des Numa Burg und der Vesta Tempel
    Niederzuwerfen:

Allzusehr nur Ilias Klagen rächend
Stürzt er sich wildflutend sogar aufs linke
Ufer zu willfahren dem Weib, es war nicht
    Juppiters Wille.

Hören wird vom Schwert, das geschärft die Bürger —
Besser schlug's darnieder die trotzgen Perser! —
Hören wird vom Kampf die durch Schuld der Väter
    Lichtere Jugend.

Welche Gottheit ruft bei des Reiches Hinsturz
Jetzt das Volk? Durch welches Gebet erweichet
Heilger Jungfraun Chor die der Lieder nicht mehr
    Achtende Vesta?

Cui dabit partes scelus expiandi
Iuppiter? tandem venias, precamur,   30
Nube candentes umeros amictus,
    Augur Apollo;

Sive tu mavis, Erycina ridens,
Quam Iocus circum volat et Cupido;
Sive neglectum genus et nepotes   35
    Respicis, auctor

Heu nimis longo satiate ludo,
Quem iuvat clamor galeaeque leves
Acer et Mauri peditis cruentum
    Vultus in hostem;   40

Sive mutata iuvenem figura
Ales in terris imitaris, almae
Filius Maiae, patiens vocari
    Caesaris ultor:

Serus in caelum redeas diuque   45
Laetus intersis populo Quirini
Neve te nostris vitiis iniquum
    Ocior aura

Tollat; hic magnos potius triumphos,
Hic ames dici pater atque princeps   50
Neu sinas Medos equitare inultos
    Te duce, Caesar.

3

    Sic te diva potens Cypri,
Sic fratres Helenae, lucida sidera,
    Ventorumque regat pater
Obstrictis aliis praeter Iapyga,

Wen erwählt sich Juppiter, daß er sühne
Diese Greuel? Komm endlich, o komm, wir flehen,
Mit Gewölk umkleidend die lichten Schultern,
    Seher Apollo;

Oder du, holdlächelnde Erycina,
Die der Liebreiz stets und der Scherz umflattert;
Oder denkst wohl du der vergeßnen Enkel
    Wieder, o Vater,

Satt des Kriegsspiels ach des nur allzulangen,
Du, den Schlachtruf freut und der Helme Glanz und
Grimmer Blick, den rossesberaubt der Maur' auf
    Blutigen Feind wirft;

Oder weilst du schon, der beschwingte Sohn der
Holden Maja, hier in Gestalt des Jünglings
Unter uns, du, dem es gefällt zu heißen
    Rächer des Cäsar:

O so kehr erst spät zum Olymp zurück und
Wohne lang und froh bei des Quirinus Volke,
Zürnend unsern Freveln entschwebe nicht zu
    Schnell in die Lüfte;

Möge hier vielmehr der Triumphe Prachtzug,
Hier der Volksgruß „Vater und Fürst" dir wert sein,
Ungestraft kein Meder, wo du gebietest,
    Schwärmen, o Cäsar!

ALS VERGIL NACH ATHEN REISTE

So geleite dich Cypris denn,
Dich das Strahlengestirn, Helenas Bruderpaar,
  Vater Äolus dich, mein Schiff,
Er gebiete dem Sturm, lasse den West nur wehn,

    Navis, quae tibi creditum   5
Debes Vergilium, finibus Atticis
    Reddas incolumem precor
Et serves animae dimidium meae.

    Illi robur et aes triplex
Circa pectus erat, qui fragilem truci   ·   10
    Commisit pelago ratem
Primus nec timuit praecipitem Africum

    Decertantem Aquilonibus
Nec tristes Hyadas nec rabiem Noti,
    Quo non arbiter Hadriae   15
Maior, tollere seu ponere volt freta.

    Quem mortis timuit gradum,
Qui siccis oculis monstra natantia,
    Qui vidit mare turgidum et
Infames scopulos Acroceraunia?   20

    Nequiquam deus abscidit
Prudens Oceano dissociabili
    Terras, si tamen impiae
Non tangenda rates transiliunt vada.

    Audax omnia perpeti   25
Gens humana ruit per vetitum nefas:
    Audax Iapeti genus
Ignem fraude mala gentibus intulit.

    Post ignem aetheria domo
Subductum Macies et nova Febrium   30
    Terris incubuit cohors,
Semotique prius tarda necessitas

    Leti corripuit gradum,
Expertus vacuum Daedalus aera
    Pennis non homini datis;   35
Perrupit Acheronta Herculeus labor.

Denn du birgst mir ein teures Pfand,
Birgst mir meinen Vergil! Trag, ich beschwöre dich,
  Unversehrt ihn zum Strand Athens,
Meiner Seele ist er, wisse, der andre Teil.

Wahrlich härter als Erz und Stein
War die Brust, die zuerst sich der Gefahr des Meers
  Auf zerbrechlichem Kiel vertraut,
Die nicht bangt, wenn der Nord brausend geflogen

Und mit Afrikus heulend ringt,   [kommt,
Nicht vor Regengestüm, noch, wenn der Notus schnaubt,
  Adrias wütendster Meer-Despot,
Bald zum Himmel die Flut, bald zu der Tiefe peitscht.

Hat noch Schrecken der Tod für den,
Der mit ruhigem Blick schaut, wie es wimmelnd
  Schaut der tosenden Brandung Schaum   [kreucht,
An dem Unglücksgeklipp Akrokerauniens?

Ganz umsonst hat ein weiser Gott
Durch die Schrecken der Flut Lande von Land
  Wenn die Barke mit keckem Hohn   [getrennt,
Wagt den fährlichen Sprung durch die verbotne Kluft.

Bebt der Mensch doch vor nichts zurück,
Stürzt mit tollkühnem Mut selbst zu der sündigen Tat:
  Holte frevelnden Sinnes nicht
Aus dem Himmel herab Japetus' Sohn das Feur?

Als den Wolken der Blitz entführt,
Weh! warf tödliche Pest, schrecklicher Seuchen Heer
  Ehmals fremd, auf die Völker sich,
Und des Todes vordem träger und später Fuß

Kam geflügelt herangeeilt.
Hub denn Dädalus nicht hoch sich mit Schwingen auf,
  Die dem Menschen doch Gott versagt?   [Tor?
Brach nicht Herkules' Kraft selbst durch das stygsche

Nil mortalibus ardui est:
Caelum ipsum petimus stultitia neque
Per nostrum patimur scelus
Iracunda Iovem ponere fulmina.   40

4

Solvitur acris hiems grata vice veris et Favoni

Trahuntque siccas machinae carinas
Ac neque iam stabulis gaudet pecusaut arator igni

Nec prata canis albicant pruinis.
Iam Cytherea choros ducit Venus imminente luna   5

Iunctaeque Nymphis Gratiae decentes
Alterno terram quatiunt pede, dum graves Cyclopum

Volcanus ardens urit officinas.
Nunc decet aut viridi nitidum caput impedire myrto

Aut flore terrae quem ferunt solutae;   10
Nunc et in umbrosis Fauno decet immolare lucis,

Seu poscat agna sive malit haedo.
Pallida Mors aequo pulsat pede pauperum tabernas

Regumque turris. O beate Sesti,
Vitae summa brevis spem nos vetat incohare longam. 15

Iam te premet nox fabulaeque Manes
Et domus exilis Plutonia; quo simul mearis,
Nec regna vini sortiere talis
Nec tenerum Lycidan mirabere, quo calet iuventus

Nunc omnis et mox virgines tepevunt.   20

Nichts dünkt Sterblichen allzu hoch:
Auf den Himmel im Wahn stürmen sie frevelnd ein!
  Einzig will es nur unsre Schuld,
Wenn der zürnende Gott noch mit dem Blitzstrahl
                             zuckt.

FRÜHLINGSLIED

Wieder löset der Lenz und der kehrende West den
                    starren Winter
Und wieder rolln ins Meer die trocknen Kiele;
Froh verläßt die Herde den Stall, seinenHerd der frohe
                    Landmann,
Nicht glänzen mehr in weißem Reif die Matten.
Wieder führt Cytherea den Reihn in dem Strahl von
                    Lunas Scheine,
Und Grazien schlagen hold im Bund mit Nymphen
Wieder den Grund mit wechselndem Fuß, während neu
                    zu roten Gluten
Vulkan entfacht die Schmiede der Cyklopen.
Auf denn, umkränzt das duftende Haar mit dem Grün
                    der dunklen Myrthe,
Mit Blumen, die die Erde neu geboren;
Auf denn und laßt im Schatten des Hains uns dem
                    Faun ein Opfer bringen,
Er heisch ein Milchlamm oder wähl ein Böcklein.
Klopfet der Tod der bleiche doch an mit dem gleichen
                    Fuß an Hütten,
Wie an des Königs Schloß. O Sestius, Glückssohn!
Kurz sind die Jahre gezählt und vergönnen uns nicht
                    in langes Hoffen.
Bald deckt dich Nacht, das Märchenspiel der Schatten,
Plutos dürftiges Haus. Kamst du erst dorthin: Nimmer
Ums Königtum bei Weingelagen würfeln,   [wirst du
Nicht mehr hangen an Lycidas' Blick, welcher jezt der
                    Jugend Abgott,
Und bald gewiß der Herzensdieb der Mädchen.

5

Quis multa gracilis te puer in rosa
Perfusus liquidis urget odoribus
    Grato, Pyrrha, sub antro?
        Cui flavam religas comam

Simplex munditiis? Heu quotiens fidem   5
Mutatosque deos flebit et aspera
    Nigris aequora ventis
        Emirabitur insolens,

Qui nunc te fruitur credulus aurea,
Qui semper vacuam, semper amabilem   10
    Sperat nescius aurae
        Fallacis. Miseri, quibus

Intentata nites. Me tabula sacer
Votiva paries indicat uvida
    Suspendisse potenti   15
        Vestimenta maris deo.

6

Scriberis Vario fortis et hostium
Victor Maeonii carminis aliti,
Quam rem cunque ferox navibus aut equis
    Miles te duce gesserit.

Nos, Agrippa, neque haec dicere nec gravem   5
Pelidae stomachum cedere nescii
Nec cursus duplicis per mare Ulixei
    Nec saevam Pelopis domum

Conamur, tenues grandia, dum pudor
Inbellisque lyrae Musa potens vetat   10
Laudes egregii Caesaris et tuas
Culpa deterere ingeni.

AN EINE UNGETREUE

Welch ein schlanker Gesell ist es, o Pyrrha, der
Hin auf Rosen gestreckt, duftenden Öles voll,
  Dich in traulicher Grotte
    Küßt? Wem knüpfst du so reizend schlicht

Dein goldlockiges Haar? Ach, wie so manches Mal
Wird er weinen, daß sich Götter und Treu gewandt,
  Wird die See, die von schwarzem
    Sturm empörte, befremdet schaun,

Der jetzt gläubigen Sinns, Goldene, dich genießt,
Der dich immer so treu, immer so hold dich wähnt
  Trug und Wechsel nicht ahnend.
    Wehe einem, der ungewarnt

Deinem Glanze verfiel. Hier an der Wand der Spruch,
Wo geweiht dem Neptun hängt das durchnäßte Kleid,
  Dankt dem mächtigen Gotte,
    Der den Wellen mich noch entriß.

MEINE STOFFE

Mag ein Varius als Helden und Sieger dich
In mäonischem Flug feiern, die Taten all,
Die zu Schiff und zu Roß unser gewaltiges
    Heer vollbrachte geführt von dir!

Ich, Agrippa, kann dies, kann den verderblichen
Zorn nicht singen des nie weichenden Peleussohns,
Nicht des schlauen Ulyß irrende Meeresfahrt,
    Pelops' grauses Geschlecht auch nicht,

Für so Großes zu schwach: Furcht und die Muse, die
Mich nur friedliches Spiel lehrte, sie dulden nicht,
Daß des großen August Ruhm und den Deinigen
    Je mein schwaches Talent entweiht.

Quis Martem tunica tectum adamantina
Digne scripserit aut pulvere Troico
Nigrum Merionen aut ope Palladis   15
    Tydiden superis parem?

Nos convivia, nos proelia virginum
Sectis in iuvenes unguibus acrium
Cantamus, vacui sive quid urimur,
    Non praeter solitum leves.   20

7

Laudabunt alii claram Rhodon aut Mytilenen
   Aut Epheson bimarisve Corinthi
Moenia vel Baccho Thebas vel Apolline Delphos
   insignis aut Thessala Tempe;

Sunt quibus unum opus est intactae Palladis urbem   5
   Carmine perpetuo celebrare et
Undique decerptam fronti praeponere olivam;
   Plurimus in Iunonis honorem

Aptum dicit equis Argos ditesque Mycenas:
   Me nec tam patiens Lacedaemon   10
Nec tam Larisae percussit campus opimae
   Quam domus Albuneae resonantis

Et praeceps Anio ac Tiburni lucus et uda
   Mobilibus pomaria rivis.
Albus ut obscuro deterget nubila caelo   15
   Saepe Notus neque parturit imbres

Perpetuo, sic tu sapiens finire memento
   Tristitiam vitaeque labores
Molli, Plance, mero, seu te fulgentia signis
   Castra tenent seu densa tenebit   20

Wer preist würdigen Sangs Mars in des stählernen
Kriegskleids prangendem Schmuck oder Meriones
Schwarz von troischem Staub oder des Tydeus Sohn
    Göttern gleich durch Athenes Huld?

Ich, ich singe von Schmaus, Kämpfen der Mädchen nur,
Die den Jünglingen mit Nägeln, mit stumpfen, dräun,
Sei ich liebebefreit oder in Lieb entbrannt,
    Leichthin scherzend nach meiner Art.

TROST IN TIBUR

Preis' ein Anderer Rhodos, das strahlende, und Mytilene,
    Ephesos auch und die doppelt umströmten
Mauern Korinths samt Theben, dem bacchusberühmten,
    Phöbos' Sitz, und Thessaliens Tempe; [und Delphi,

Dem ist's eins und alles in Heldengesängen der Jungfrau
    Pallas Stadt zu erhöhn und von allen
Orten entbrochene Zweige zum Schmuck um die Stirn
    Mancher besingt zur Ehre der Juno [ihr zu winden;

Argos, zur Zucht der Rosse geschickt, und das reiche
    Mich hat nimmer das eiserne Sparta   [Mykenä:
Also entzückt, nicht also Larisas üppige Fluren,
    Als der Albunea rauschende Grotte

Und des Anio Fall und Tiburnus' Hain und die Gärten
    Reichlich getränkt von lebendigen Bächen.
Wie der erheiternde Süd vom düsteren Himmel die
    Streift, nicht ewiglich Regen erzeuget,   [Wolken

Also verbann auch du, o Plancus, weislichen Sinnes
    Finsteren Ernst und mildre des Lebens
Mühen durch Wein, du magst nun im Lager im Glanze
    Weilen, es mag dich das schattige Dunkel [der Adler

Tiburis umbra tui. Teucer Salamina patremque
     Cum fugeret, tamen uda Lyaeo
Tempora populea fertur vinxisse corona,
     Sic tristes adfatus amicos:

'Quo nos cunque feret melior fortuna parente,   25
     Ibimus, o socii comitesque;
Nil desperandum Teucro duce et auspice Teucro;
     Certus enim promisit Apollo

Ambiguam tellure nova Salamina futuram.
     O fortes peioraque passi   30
Mecum saepe viri, nunc vino pellite curas;
     Cras ingens iterabimus aequor.'

8

Lydia, dic, per omnes
Te deos oro, Sybarin cur properes amando
     Perdere, cur apricum
Oderit campum patiens pulveris atque solis.

Cur neque militares   5
Inter aequalis equitat Gallica nec lupatis
     Temperat ora frenis?
Cur timet flavum Tiberim tangere? cur olivum

Sanguine viperino
Cautius vitat neque iam livida gestat armis   10
     Bracchia, saepe disco,
Saepe trans finem iaculo nobilis expedito?

Quid latet, ut marinae
Filium dicunt Thetidis sub lacrimosa Troiae
     Funera, ne virilis   15
Cultus in caedem et Lycias proriperet catervas?

Tiburs umfahn. Als Teuker voreinst von Vater und
  Floh, da hat er, so sagt man, die Schläfe,   [Heimat
Feucht vom Lyäus, bekränzt mit heiligem Laube der
  Also tröstend die traurigen Freunde: [Pappel,

„Seis wohin das Geschick, nicht so hart als der Vater,
  Auf denn! Auf, ihr Genossen und Freunde! uns führe,
Nimmer verzagt, da Teuker euch führt, da Teuker
  Denn es verhieß untrüglich Apollo,   [vorangeht

Daß auf neuem Gebiet ein anderes Salamis werde.
  Tapfere Brüder, wir haben zusammen
Härteres öfter erduldet, nun tilgt im Weine die Sorgen;
  Morgen aufs neu in die Wogen des Weltmeers!"

F R A G E   A N   L Y D I A

  Lydia, dich beschwör ich,
Sprich, beim Himmel, ist es dein Ernst, soll denn im
  Sybaris ganz vergehn?   [Arm der Liebe
Haßt er doch jetzt Sonne und Wind, er, der den Staub
                  [des Marsfeldes
  Willig und gern getragen?
Nicht zu Pferde sieht man ihn mehr, zügelt mit Wolfs-
  Nicht mehr Galliens Rosse!   [gebisse
Sprich, was hält er scheu sich zurück, weicht vor der
                 [Flut des Tibris,
  Meidet wie Gift das Ringöl?
Trägt des Wettkampfs bläuliche Spuren nimmer am
  Meister im Wurf, gar oft den   Arm, er, der doch
Diskus, der so oft sicher den Speer über das Ziel hinaus-
                 [schwang?
  Hält er sich doch verborgen,
Wie vor Trojas blutigem Fall Thetis den Sohn versteckt
  Daß ihn das Mannskleid nicht   [hielt,
Unaufhaltsam schon zu dem Mord lysischen Volks
                 dahinriß.

9

Vides ut alta stet nive candidum
Soracte nec iam sustineant onus
   Silvae laborantes geluque
      Flumina constiterint acuto?

Dissolve frigus ligna super foco   5
Large reponens atque benignius
   Deprome quadrimum Sabina,
      O Thaliarche, merum diota.

Permitte divis cetera, qui simul
Stravere ventos aequore fervido   10
   Deproeliantes, nec cupressi
      Nec veteres agitantur orni.

Quid sit futurum cras, fuge quaerere et
Quem Fors dierum cumque dabit, lucro
   Appone, nec dulces amores   15
      Sperne puer neque tu choreas,

Donec virenti canities abest
Morosa. Nunc et campus et areae
   Lenesque sub noctem susurri
      Conposita repetantur hora,   20

Nunc et latentis proditor intimo
Gratus puellae risus ab angulo
   Pignusque dereptum lacertis
      Aut digito male pertinaci.

10

Mercuri, facunde nepos Atlantis,
Qui feros cultus hominum recentum
Voce formasti catus et decorae
   More palaestrae,

IM WINTER

Wie glänzend, siehe, ragt der Sorakt im Schnee,
Der Wald erseufzet unter der schweren Last,
    Und auch die rege Flut der Ströme
        Liegt wie erstarrt in dem Bann des Frostes.

Des Winters Strenge zwingest du schon, Thaliarch,
Schaff du nur fleißig trockenes Holz zum Herd,
    Und laß vom schweren Traubenblute
        Reichlicher aus dem Krug noch fließen.

Das Andere stell den Göttern getrost anheim.
Schweigt erst der Sturm, der über die Meerflut braust,
    Stehn wieder hoch auch deine Eschen,
        Wieder in Ruh deines Parks Cypressen.

Laß unergrübelt, was noch die Zukunft birgt,
Nimm jeden Tag als neues Geschenk dir hin,
    Und achte nicht gering den Zauber,
        Welchen der Tanz, den die Liebe bietet,

Solang es grünt, und ferne das Alter noch,
Das mürrisch-trübe. Labe die Seele jetzt
    An Kampf und Spiel und süßem Flüstern,
        Selig des Nachts zur verheißnen Stunde,

An losem Kichern, das dir so hold verrät,
Wo sich dein Mädchen schalkhaft im Winkel birgt;
    An Pfändern, die dem Arm du raubest,
        Oder der Hand, die nur schwach sich sträubet.

LOBGESANG AUF MERKUR

O Merkur, des Atlas beredter Enkel,
Der der Urwelt Sitte, die rohe, weislich
Durch das Wort und durch der Palästra feine
    Künste gebildet,

Te canam, magni Iovis et deorum   5
Nuntium curvaeque lyrae parentem,
Callidum quidquid placuit iocoso
    Condere furto.

Te, boves olim nisi reddidisses
Per dolum amotas, puerum minaci   10
Voce dum terret, viduus pharetra
    Risit Apollo.

Quin et Atridas duce te superbos
Ilio dives Priamus relicto
Thessalosque ignes et iniqua Troiae   15
    Castra fefellit.

Tu pias laetis animas reponis
Sedibus virgaque levem coerces
Aurea turbam, superis deorum
    Gratus et imis.   20

11

Tu ne quaesieris, scire nefas, quem mihi, quem tibi

Finem di dederint, Leuconoe, nec Babylonios

Temptaris numeros. Ut melius, quidquid erit, pati,

Seu plures hiemes seu tribuit Iuppiter ultimam,

Quae nunc oppositis debilitat pumicibus mare   5

Tyrrhenum. Sapias: vina liques et spatio brevi

Spem longam reseces. Dum loquimur, fugerit invida

Aetas: carpe diem quam mini mum credula postero.

Dich den Herold Juppiters und der Götter,
Dich erhebt mein Lied, der gewölbten Lyra
Vater, der was immer er will so schalkhaft
  Listig entwendet.

Nahmst als Knabe schon dem Apoll die Stiere;
Kaum, daß er erzürnt mit dem Pfeil dir drohte,
Mußt er lächeln auch, denn verschwunden, siehe,
  War nun der Köcher.

Führtest Priamus durch das griech'sche Lager
Mit den Schätzen all, daß Atreus Söhnen
Glücklich er entging und der spähenden Wacht thes-
  salischer Feuer.

Bringst das fromme Herz zu dem Sitz des Friedens;
Lenkst mit goldnem Stab auch die Schattenseelen,
Bist so gern gesehn in dem Reich des Orkus,
  Wie in dem Himmel.

LEBENSREGEL

O Leukonoe, so forsche doch nicht — keiner erspäht es
    — wann
Mir die Götter das Ziel setzten, wann dir! Weg mit chal-
    däischen
Rechnungskünsten! Wie viel besser, man trägt, wie es
    auch fällt, sein Los,
Ob der Winter noch mehr Juppiter schenkt, ob es der
    letzte sei,
Der das tuskische Meer dort an des Strandes hemmen-
    dem Felsgeklüft
Müdpeitscht. Zeige dich klug: kläre den Wein, hoff in
    der Spanne Zeit
Weitaussehendes nie! Neidisch entflieht, während du
    sprichst, die Zeit:
Ja nie trauernd, ob du morgen noch kannst, koste den
    Augenblick!

12

Quem virum aut heroa lyra vel acri
Tibia sumis celebrare, Clio,
Quem deum? Cuius recinet iocosa
    Nomen imago

Aut in umbrosis Heliconis oris
Aut super Pindo gelidove in Haemo?   5
Unde vocalem temere insecutae
    Orphea silvae,

Arte materna rapidos morantem
Fluminum lapsus celeresque ventos,   10
Blandum et auritas fidibus canoris
    Ducere quercus.

Quid prius dicam solitis parentis
Laudibus, qui res hominum ac deorum,
Qui mare ac terras variisque mundum   15
    Temperat horis?

Unde nil maius generatur ipso
Nec viget quidquam simile aut secundum;
proximos illi tamen occupavit
    Pallas honores.   20

Proeliis audax, neque te silebo,
Liber, et saevis inimica virgo
Beluis, nec te, metuende certa
    Phoebe sagitta.

Dicam et Alciden puerosque Ledae,   25
Hunc equis, illum superare pugnis
Nobilem: quorum simul alba nautis
    Stella refulsit,

ROMS GÖTTER UND HELDEN

Welchen Mann, o Klio, und welchen Heros
Wählst du dir zur Lyra, zur hellen Flöte,
Welchen Gott? Weß Name ertönt in Echos
  Scherzendem Gleichklang,

Seis am Saum von Helikons schattgen Höhen,
Seis auf Pindus' Haupt und dem kalten Hämus?
Dort von wo einst Wälder in wildem Taumel
  Folgten dem Sänger,

Dessen Kunst — der Mutter Geschenk — die Ström' im
Jähen Lauf, im Fluge die Winde festhielt,
Mit der Lyra Klängen entzückte Eichen
  Zauberisch nachzog.

Wie begänn ich anders als mit des Vaters
Altem Lob, der Menschen- und Götterschicksal,
Der so Land als Meer und die Welt regiert im
  Wechsel der Zeiten?

Er, von dem nichts Größeres kommt, als Er ist,
Neben dem kein Gleiches erblüht, kein Zweites;
Doch zunächst nach ihm hat der Ehren höchste
  Pallas errungen.

Held im Kampf, o Liber, auch dich verschweig ich
Nicht, dich Jungfrau, grimmigen Wildes Feindin,
Phöbus, dich auch nicht, mit dem furchtbar sicher
  Treffenden Pfeile!

Herkules auch sing ich und Ledas Söhne,
Ihn zu Roß und ihn in dem Faustgefechte
Siegberühmt: kaum glänzt ihr Gestirn dem Schiffer
  Freundlichen Strahles,

Defluit saxis agitatus umor,
Concidunt venti fugiuntque nubes,   30
Et minax, quia sic voluere, ponto
      Unda recumbit.

Romulum post hos prius an quietum
Pompili regnum memorem an superbos
Tarquini fasces dubito an Catonis   35
      Nobile letum.

Regulum et Scauros animaeque magnae
Prodigum Paulleum superante Poeno
Gratus insigni referam camena
      Fabriciumque.   40

Hunc et incomptis Curium capillis
Utilem bello tulit et Camillum
Saeva paupertas et avitus apto
      Cum lare fundus.

Crescit occulto velut arbor aevo   45
Fama Marcelli; micat inter omnes
Iulium sidus velut inter ignes
      Luna minores.

Gentis humanae pater atque custos,
Orte Saturno, tibi cura magni   50
Caesaris fatis data: tu secundo
      Caesare regnes.

Ille seu Parthos Latio imminentes
Egerit iusto domitos triumpho
Sive subiectos Orientis orae   55
      Seras et Indos,

Te minor laetum reget aequus orbem;
Tu gravi curru quaties Olympum,
Tu parum castis inimica mittes
      Fulmina lucis.   60

Strömt herab vom Fels die gepeitschte Meerflut,
Legt der Sturmwind sich und die Wolken fliehen,
Und ins Meer, wie sie es gewollt, entsinkt die
    Drohende Welle.

Soll ich nun erst Romulus singen oder
Numas Friedensreich? des Tarquinius stolzen
Herrscherstab — ich schwanke noch — oder Catos
    Herrliches Sterben?

Regulus, die Scaurer und Paullus, ihn, der
Bei dem Sieg des Pöners dahin die große
Seele gab, preist dankbar mein Hochgesang und
    Jenen Fabricius.

Ihn und dich, o Curius, schlichtgelockter,
Und Camillus reifte zu Kriegeshelden
Strenger Armut Druck und der Ahnen Feld mit
    Ärmlicher Hütte.

Wie der Baum unmerklich im Lauf der Jahre
Wächst Marcellus' Ruhm; doch hervor aus allen
Strahlt des Julius Stern, wie der Mond im Kreise
    Kleinerer Lichter.

Du der Menschheit ewiger Hort und Vater,
Sohn Saturns, dir hat das Geschick vertraut des
Großen Cäsars Wohl; o so herrsche du und
    Cäsar als Zweiter!

Ob er Latiums drohenden Feind, den Parther,
Dienstbar mit sich führt in verdientem Siegszug
Oder fern im Lande des Sonnenaufgangs
    Serer und Inder:

Unter dir — so lenk' er mit Huld der Erde
Frohen Kreis; du, donnernden Gangs, erschüttre
Den Olymp und wirf in entweihte Haine
    Rächende Blitze!

13

Cum tu, Lydia, Telephi
Cervicem roseam, lactea Telephi
   Laudas bracchia, vae meum
Fervens difficili bile tumet iecur.

Tum nec mens mihi nec color   5
Certa sede manent, umor et in genas
   Furtim labitur arguens
Quam lentis penitus macerer ignibus.

Uror, seu tibi candidos
Turparunt umeros inmodicae mero   10
   Rixae, sive puer furens
Inpressit memorem dente labris notam.

Non, si me satis audias,
Speres perpetuum dulcia barbare
   Laedentem oscula, quae Venus   15
Quinta parte sui nectaris imbuit.

Felices ter et amplius,
Quos irrupta tenet copula nec malis
   divolsus querimoniis
Suprema citius solvet amor die.   20

14

O navis, referent in mare te novi
Fluctus? O quid agis? Fortiter occupa
   Portum! Nonne vides, ut
      Nudum remigio latus,

Et malus celeri saucius Africo   5
Antemnaeque gemant, ac sine funibus
   Vix durare carinae
      Possint imperiosius

EIFERSUCHT

Wenn du, Lydia, Telephus'
Milchweiß schimmernden Arm, Telephus' rosigen
　Hals mir rühmst, o wie glüht mir da
Heiß die Leber und schwillt giftiger Galle voll!

Dann hält Farb und Besinnung mir
Nicht mehr Stand und es rinnt heimlich ein Tropfen mir
　Von der Wange herab und zeugt
Von der schleichenden Glut, die mir am Marke zehrt.

Ha wie kocht es in mir, ob er
Dir in trunkenem Zorn hadernd die blendenden
　Schultern ritzt, ob er liebetoll
Mit dem Zahn dir ein Mal tief in die Lippe drückt!

Nie, wofern du mich hören willst,
Hoffst du Treue von dem, welcher den süßen Kuß,
　In den Venus den edelsten
Nektar träufelte, roh wie ein Barbar entweiht.

Dreimal selig sind die allein,
Die untrennbar ein Band inniger Liebe eint,
　Das kein trauriger Zwist bedroht,
Das nicht früher zerreißt, ehe der Tod es löst.

DAS STAATSSCHIFF IN GEFAHR

Trägt von neuem, o Schiff, dich in das Meer die Flut?
O was tust du? Mit Macht strebe dem Hafen zu!
　Siehst du nicht, wie die Seiten
　　Rings von Rudern entblößt? wie wund

Von des Afrikus jäh stürmender Wut der Mast
Samt den Rahen erdröhnt? wie mit zerrißnen Taun
　Kaum der Kiel die Gewalt der
　　Allzumächtigen Flut erträgt?

Aequor? Non tibi sunt integra lintea,
Non di, quos iterum pressa voces malo.   10
    Quamvis Pontica pinus,
     Silvae filia nobilis,

Iactes et genus et nomen inutile:
Nil pictis timidus navita puppibus
    Fidit. Tu, nisi ventis   15
     Debes ludibrium, cave.

Nuper sollicitum quae mihi taedium,
Nunc desiderium curaque non levis,
    Interfusa nitentes
     Vites aequora Cycladas.   20

15

Pastor cum traheret per freta navibus
Idaeis Helenen perfidus hospitam,
Ingrato celeres obruit otio
    Ventos, ut caneret fera

Nereus fata: Mala ducis avi domum,   5
Quam multo repetet Graecia milite
Coniurata tuas rumpere nuptias
    Et regnum Priami vetus.

Eheu quantus equis, quantus adest viris
Sudor, quanta moves funera Dardanae   10
Genti. Iam galeam Pallas et aegida
    Currusque et rabiem parat.

Nequiquam Veneris praesidio ferox
Pectes caesariem grataque feminis
Inbelli cithara carmina divides;   15
    Nequiquam thalamo graves

Nicht ein Segel ist ganz, ach und kein Gott mehr da
Den du rufest, wenn dich neue Gefahr umdrängt!
    Pontus' Fichte! Der edlen
        Waldung Tochter, was frommt es dir,

Daß du deines Geschlechts dich und des Namens rühmst?
Nicht dem Bildnis am Schiff trauet der zagende
    Seemann. Sollst du der Stürme
        Spiel nicht werden, so wahre dich!

Du erst neulich mir noch Ärgernis und Verdruß,
Jetzt sehnsüchtigen Drangs, ängstlicher Sorge Ziel,
    Fleuch die Wogen des Meers, das
        Durch die hellen Zykladen braust!

N E R E U S   P R O P H E Z E I T   D E M   P A R I S

Froh durchfurchte das Meer, froh mit der schönen Last,
Die dem Freund er geraubt, Paris auf Troer-Kiel,
    Da stieg Nereus empor, hieß etwas ruhn den Wind,
        Der die Segel so günstig schwoll,

Sang ihm vor sein Geschick: Weh, die du mit dir führst,
Ruft mit Waffengewalt Griechenland einst zurück,
    Ruht nicht eher vom Kampf, bis er gelöst dein Band,
        Primas heiliges Reich gestürzt.

Triefen seh ich von Hast Reiter und Gosse schon.
Weh! bald decken zu Hauf Leichen das Troerfeld.
    Schon nimmt Pallas den Helm, greift nach dem Ägis-
        Steigt zu Wagen von Zorn entflammt.   [schild,

Ach, nun frommt es dir nichts, daß du auf Venus hoffst,
Legst in Locken dein Haar, singst in der Weiber Kreis
    Zu der Harfe Getön weichlicher Lieder Schmelz,
        Nimmer schützt dich das Fraungemach

Hastas et calami spicula Cnosii
Vitabis strepitumque et celerem sequi
Aiacem: tamen, heu serus, adulteros
    Cultus pulvere collines.   20

Non Laertiaden, exitium tuae
Gentis, non Pylium Nestora respicis?
Urgent inpavidi te Salaminius
    Teucer, te Sthenelus, sciens

Pugnae sive opus est imperitare equis,   25
    Non auriga piger. Merionen quoque
Nosces. Ecce furit, te reperire atrox,
    Tydides melior patre:

Quem tu, cervos uti vallis in altera
Visum parte lupum graminis inmemor,   30
Sublimi fugies mollis anhelitu,
    non hoc pollicitus tuae.

Iracunda diem proferet Ilio
Matronisque Phrygum classis Achillei;
Post certas hiemes uret Achaicus   35
    Ignis Iliacas domos.'

16

O matre pulchra filia pulchrior,
Quem criminosis cunque voles modum
    Pones iambis, sive flamma
        Sive mari libet Hadriano.

Non Dindymene, non adytis quatit   5
Mentem sacerdotum incola Pythius,
    Non Liber aeque, non acuta
        Si geminant Corybantes aera,

Vor der Wucht ihres Speers, nicht vor dem Kreter-Pfeil,
Nicht wenn stürmend auf dich Ajax die Rosse lenkt.
Einmal, leider zu spät, schleift dein verbuhltes Haar
    Doch im troischen Staube hin.

Siehst du Nestor denn nicht, nicht des Laertes Sohn,
Der dem Dardanervolk schrecklich Verderben bringt?
Hier drängt Teuker auf dich, Salamis starker Held,
    Dort greift Sthenelus heftig an,

Groß im Kampf mit der Faust, ebenso groß im Kampf
Hoch zu Wagen und Roß. Auch auf Meriones
Trifft dein Fuß in der Schlacht. Wehe, doch weh! jetzt
    Tydeus' größerer Sohn nach dir.   [brennt

Ach! wie fliehst du dahin, schnell wie der scheue Hirsch,
Der vom Saum des Gebirgs plötzlich den Wolf erblickt,
Lässet Weide und Tal, rettet sich atemlos:
    Das wars nicht, was du ihr versprachst.

Zwar das Grollen Achills rückt noch ein wenig fern
Trojas Sturz und der Fraun rinnende Tränenflut,
Doch gezählt ist der Tag, wo der Hellenen Brand
    Ilions Häuser in Asche legt.

WIDERRUF

O schöner Mutter schönre Tochter du,
So mache denn den Jamben den frevelnden,
    Wie dirs genehm ist, seis in Flammen,
      Seis in dem Hadriameer ein Ende!

Nicht Dindymene, Delphis Apollo nicht,
Nicht Bacchus haust so mächtig erschütternd in
    Der Priester Geist, so schmetternd schlagen
      Nicht Korybanten das Erz zusammen

Tristes ut irae, quas neque Noricus
Deterret ensis nec mare naufragum   10
    Nec saevus ignis nec tremendo
        Iuppiter ipse ruens tumultu.

Fertur Prometheus addere principi
Limo coactus particulam undique
    Desectam et insani leonis   15
        Vim stomacho apposuisse nostro.

Irae Thyesten exitio gravi
Stravere et altis urbibus ultimae
    stetere causae, cur perirent
        Funditus inprimeretque muris   20

Hostile aratrum exercitus insolens.
Compesce mentem: me quoque pectoris
    Tentavit in dulci iuventa
        Fervor et in celeres iambos

Misit furentem. Nunc ego mitibus   25
Mutare quaero tristia, dum mihi
    Fias recantatis amica
        Opprobriis animumque reddas.

17

Velox amoenum saepe Lucretilem
Mutat Lycaeo Faunus et igneam
    Defendit aestatem capellis
        Usque meis pluviosque ventos.

Inpune tutum per nemus arbutos   5
Quaerunt latentes et thyma deviae
    Olentis uxores mariti,
        Nec viridis metuunt colubras

Wie finstrer Zorn: ihn schreckt kein norisch Schwert
Zurück, das Meer ihn nicht, das zerschellende,
　　Nicht Feuers Wut, der Donnrer selbst nicht,
　　　　Fährt er hernieder im Graun der Wetter.

Hat doch Prometheus, heißt es, da Not ihn zwang
Vom Schöpfungsursprung Teilchen hinzuzutun
　　Von überall, auch wilder Löwen
　　　　Grimm in die Brust uns hineingepflanzet.

Zorn hat Thyest in grausen Verderbens Weh
Gestürzt und ward doch ragenden Städten oft
　　Der letzte Grund, warum in Nacht sie
　　　　Sanken und feindlichen Pflug die Heerschar

In Siegeshochmut über die Mauern zog.
Halt ein den Unmut! Wallende Glut der Brust,
　　Sie hat auch mich in süßer Jugend
　　　　Plötzlich erfaßt und zu raschen Jamben

Toll fortgeschnellt. Sieh, Liebliches möcht ich jetzt
Statt Herbem gern dir bieten, wofern du nur
　　Nach meines Schmählieds Widerrufe
　　　　Freundin mir wirst und das Herz zurückgibst.

TYNDARIS WIRD AUFS LAND EINGELADEN

Behend vertauscht oft mit des Lykäus Höhn
Faun den an Anmut reichen Lucretilis
　　Und wehrt mir dann von meinen Ziegen
　　　　Gluten des Sommers und Regenwinde.

Es suchen furchtlos schweifend im wilden Wald
Des duftgen Geißbocks Weibchen den Erdbeerstrauch,
　　Den Thymian, die Zicklein beben
　　　　Nimmer vor grünlich gefleckten Nattern,

Nec martiales haediliae lupos,
Utcunque dulci, Tyndari, fistula   10
    Valles et Usticae cubantis
      Levia personuere saxa.

Di me tuentur, dis pietas mea
Et musa cordi est. Hinc tibi copia
    Manabit ad plenum benigno   15
      Ruris honorum opulenta cornu;

Hic in reducta valle Caniculae
Vitabis aestus et fide Teia
    Dices laborantes in uno
      Penelopen vitreamque Circen;   20

Hic innocentis pocula Lesbii
Duces sub umbra, nec Semeleius
    Cum Marte confundet Thyoneus
      Proelia, nec metues protervum

Suspecta Cyrum, ne male dispari   25
Incontinentis iniciat manus
    Et scindat haerentem coronam
      Crinibus inmeritamque vestem.

18

Nullam, Vare, sacra vite prius severis arborem
Circa mite solum Tiburis et moenia Catili;
Siccis omnia nam dura deus proposuit neque
Mordaces aliter diffugiunt sollicitudines.

Nicht vor des Kriegsgotts Wölfen, den grimmigen,
Wenn von des Waldrohrs Klängen, o Tyndaris,
    Den süßen hallt das Tal zusamt dem
        Glatten Gestein an Usticas Höhen.

Ich bin im Schutz der Götter, mein frommes Herz,
Mein Lied gefällt den Göttern. Vollauf wird hier
    Des Feldes Schmuck aus goldnem Horne
        Reichlich gespendet sich dir ergießen;

Hier in des Talgrunds Tiefe da fühlst du nicht
Die Glut des Hundsterns, singst, wie Penelope
    Und Circe sich die strahlendschöne
        Härmten um einen, zur Tejerlyra;

Im Schatten ruhend schlürfst du des Lesbiers
Unschuldgen Trank; der Semele wilder Sohn,
    Nicht mißt er sich mit Mars in blutgem
        Kampfe, du fürchtest auch nicht von Cyrus'

Des wilden Argwohn, daß er in jähem Zorn
An dir der ungleich schwächeren sich vergreif'
    Und dir den Kranz im Haar zerreiße
        Und das Gewand, das doch nichts verbrochen.

DER HEILIGE WEIN

Varus, baue mir nicht ander Gewächs, hörst du, auf
                Tiburs Hang,
Eh nicht unter dem Schutz alten Gemäurs heilige
                Reben glühn.
Sieh! dem Nüchternen scheint alles ins Grau, einzig im
                Wein allein
Weichen Sorgen und Angst, Kummer und Leid —
                süßes Geschenk von Gott!

Quis post vina gravem militiam aut pauperiem crepat ? 5
Quis non te potius, Bacche pater, teque, decens Venus ?
Ac ne quis modici transiliat munera Liberi,
Centaurea monet cum Lapithis rixa super mero

Debellata, monet Sithoniis non levis Euhius,
Cum fas atque nefas exiguo fine libidinum   10
Discernunt avidi. Non ego te, candide Bassareu,
Invitum quatiam nec variis obsita frondibus

Sub divum rapiam. Saeva tene cum Berecyntio
Cornu tympana, quae subsequitur caecus Amor sui
Et tollens vacuum plus nimio Gloria verticem   15
Arcanique Fides prodiga, perlucidior vitro.

19

Mater saeva Cupidinum
    Thebanaeque iubet me Semelae puer
Et lasciva Licentia
    Finitis animum reddere amoribus.

Urit me Glycerae nitor   ·   5
    Splendentis Pario marmore purius,
Urit grata protervitas
    Et vultus nimium lubricus adspici.

Ach vergessen wie bald! sind beim Pokal Elend und
                    Kriegesnot,
Vater Bacchus allein füllet das Herz, Bacchus und
                    Cypria.
Doch es warnet das Blut, welches dereinst floß beim
                    Centaurenmahl,
Warnt des thrakischen Volks rasende Lust, wenn es des
                    Weines voll,

Blind sich alles erlaubt, Ehre und Scham taumelnd mit
                    Füßen tritt,
Nicht des Bacchus Geschenk roh zu entweihn, roh bis
                    zur Trunkenheit.
Niemals, herrlicher Gott, weigerst du dich, werd' ich
                    Gewalt dir tun,
Nie verraten im Trunk, was du verbirgst unter dem
                    Kranz von Laub.

Nun so schone denn auch mich mit dem Lärm! Schmet-
                    ternde Hörner schweigt!
Schweigt ihr Pauken! Es zeugt immer der Rausch
                    törichtes Prahlen nur,
Dünkel, welcher das Haupt, leer wie es ist, über das
                    Maß erhebt,
Treue, welche nicht wahrt, was ihr vertraut, leicht zu
                    durchschaun wie Glas.

TYRANNIN VENUS

Weh die Mutter des Liebesgotts,
    Wehe Semeles Sohn, lüsterne Phantasie,
Alles fachet das Herz aufs neu
    Mir zu Flammen empor, die ich erloschen hielt.

Schau ich Glyceras Zauber an,
    Der in reinerem Schmelz als Alabaster strahlt,
Trifft ihr schelmisches Auge mich,
    Reißts verführerisch mich unwidersteblich hin.

In me tota ruens Venus
    Cyprum deseruit nec patitur Scythas   10
Et versis animosum equis
    Parthum dicere nec quae nihil attinent.

Hic vivum mihi caespitem, hic
    Verbenas, pueri, ponite turaque
Bimi cum patera meri: 15
    Mactata veniet lenior hostia.

20

Vile potabis modicis Sabinum
Cantharis, Graeca quod ego ipse testa
Conditum levi, datus in theatro
    Cum tibi plausus,

Care Maecenas eques, ut paterni   5
Fluminis ripae simul et iocosa
Redderet laudes tibi Vaticani
    Montis imago.

Caecubum et prelo domitam Caleno
Tu bibes uvam: mea nec Falernae   10
Temperant vites neque Formiani
    Pocula colles.

21

Dianam tenerae dicite virgines,
Intonsum pueri dicite Cynthium
    Latonamque supremo
        Dilectam penitus Iovi.

Vos laetam fluviis et nemorum coma   5
Quaecumque aut gelido prominent Algido
    Nigris aut Erymanthi
        Silvis aut viridis Cragi;

Ließ denn Venus ihr Cypern ganz?
   Stürzte ganz sie in mich? Wehrt mir gewohnten Sang
Von dem Parther auf flüchtgem Roß,
   Wehret alles dem Geist, nur daß er ihrer denkt?

Hier lebendigen Rasen her!
   Weihrauch, heiliges Kraut, Knaben! Die Schale auch
Mit zweijährigem Wein gefüllt!
   Ist das Opfer vollbracht, wird sie mir milder nahn.

GANZ BESCHEIDEN

Mäßge Kelchlein nur mit Sabiner Landwein
Warten dein; ich legt' in ein griechisch Faß ihn
Wohlverpicht, ich selbst, als das Volk im Schauspiel,
    Ritter Mäcenas,

Laut dich, Liebling, grüßte, so daß die Ufer
Deines Heimatstroms und des Vaticanus
Widerhall froh scherzend zugleich von deinenm
    Lobe erklangen.

Dein Getränk ist Cäkuber und die Traube,
Die dir Cales kelterte: meine Becher
Füllet kein Falernergewächs und füllt kein
    Formierhügel.

FESTREIGENLIED AUF APOLLO UND DIANA

Auf, ihr Mädchen, und singt, singt der Diana Preis!
Und ihr, Jünglinge, singt Cynthus' umlockten Gott!
   Und Latona so innig
     Vom allwaltenden Zeus geliebt!

Preist sie, die sich der Quelln freut und des wallenden
Haars der Haine, ob es Algidus' kalte Höhn,
   Ob es schwarz Erymanthus,
     Grün die Wälder des Kragus krönt!

Vos Tempe totidem tollite laudibus
Natalemque, mares, Delon Apollinis   10
    Insignemque pharetra
      Fraternaque umerum lyra.

Hic bellum lacrimosum, hic miseram famem
Pestemque a populo et principe Caesare in
    Persas atque Britannos'   15
      Vestra motus aget prece.

22

    Integer vitae scelerisque purus
    Non eget Mauris iaculis neque arcu
    Nec venenatis gravida sagittis,
       Fusce, pharetra,

    Sive per Syrtes iter aestuosas   5
    Sive facturus per inhospitalem
    Caucasum vel quae loca fabulosus
       Lambit Hydaspes.

    Namque me silva lupus in Sabina,
    Dum meam canto Lalagen et ultra   10
    Terminum curis vagor expeditis,
       Fugit inermem:

    Quale porteñtum neque militaris
    Daunias latis alit aesculetis
    Nec Iubae tellus generat, leonum   15
       Arida nutrix.

    Pone me pigris ubi nulla campis
    Arbor aestiva recreatur aura,
    Quod latus mundi nebulae malusque
       Iuppiter urget;   20

Preist, o Knaben, o preist Tempe mit gleichem Sang,
Delos auch, des Apoll heiliges Wiegenland,
    Ihn, des Schulter der Köcher
      Und die Lyra des Bruders ziert!

Er heißt Jammer des Kriegs, klägliche Hungersnot,
Heißt die Seuche vom Volk und von des Herrschers
    Zu Britannen und Persern   [Haupt
      Gehn, durch euer Gebet bewegt.

D E R   W O L F

Wer da lebt unsträflich und frei von Schuld ist,
Der bedarf nicht maurischen Speers und Bogens,
Auch des Köchers nicht, der von giftgen Pfeilen
    Strotzet, o Fuscus,

Ob der Weg ihn führt in die Glut der Syrten,
Oder durch des Kaukasus wilde Höhen,
Oder in das Land, das Hydaspes netzt, der
    Sagenberühmte.

Ist doch jüngst ein Wolf im Sabinerwald als
Lalage ich sang und der Sorgen ledig
Übers Grenzmal streift' ohne Wehr und Waffen,
    Vor mir geflohen:

Solch ein Untier, wie es die krieggewohnte
Daunias nicht zieht in den weiten Forsten,
Nicht des Juba Steppe gebiert, der Löwen
    Lechzende Mutter.

Setzte fern mich hin in erstarrte Fluren,
Wo sich nie ein Baum in des Sommers Lüften
Neu belebt, die Zone der Welt, wo ewig
    Nebel und Nacht liegt;

Pone sub curru nimium propinqui
Solis in terra domibus negata:
Dulce ridentem Lalagen amabo,
    Dulce loquentem.

23

Vitas hinnuleo me similis, Chloe,
Quaerenti pavidam montibus aviis
   Matrem non sine vano
     Aurarum et siluae metu:

Nam seu mobilibus veris inhorruit   5
Adventus foliis seu virides rubum
   Dimovere lacertae,
     Et corde et genibus tremit.

Atqui non ego te tigris ut aspera
Gaetulusve leo frangere persequor: 10
   Tandem desine matrem
     Tempestiva sequi viro.

24

Quis desiderio sit pudor aut modus
Tam cari capitis? Praecipe lugubres
Cantus, Melpomene, cui liquidam pater
    Vocem cum cithara dedit.

Ergo Quintilium perpetuus sopor   5
Urget? Cui Pudor et Iustitiae soror,
Incorrupta Fides, nudaque Veritas
    Quando ullum inveniet parem?

Multis ille bonis flebilis occidit,
Nulli flebilior quam tibi, Vergili.   10
Tu frustra pius heu non ita creditum
    Poscis Quintilium deos.

Setze dicht mich unter den Sonnenwagen,
In ein Land, wo wohnlicher Sitz versagt ist:
Ewig lieb ich Lalages holdes Lächeln,
   Holdes Geplauder.

AN CHLOE

Wie ein jugendlich Reh meidest du, Chloe, mich,
Das im wilden Gebirg nach der geängsteten
  Mutter sucht und — warum nur? —
    Bebt, wo schattet, wo haucht der Wald.
                [Kraft

Schwingt durch wogendes Laub, schauernd in zager
Neuer Frühling dahin, raschelt im Brombeerstrauch
  Nur die grüne Lazerte
    Gleich erzittern ihm Herz und Knie.

Nun es folgt dir ja kein grimmiger Tiger nach,
Kein gätulischer Leu, der dich zermalmen will:
  Lauf doch, männlicher Liebe
    Reif, nicht ewig der Mutter nach!

AN VERGIL BEIM TOD DES QUINTILIUS VARUS

Kennt der sehnende Schmerz irgend ein Maß und Ziel
Um solch teueres Haupt? Stimme das Klagelied
An, Melpomene! Dir schenkte der Vater ja
    Zu der Zither den hellen Sang!

Also ewigen Schlaf schläft nun Quintilius!
Wann wird Adel der Seel' und unbestechliche
Treu, die Schwester des Rechts, offene Wahrheit wann
    Je den finden, der ihn erreicht?

Ja manch Trefflicher weint innig dem Toten nach,
Niemand inniger, denn du, o Vergilius!
Doch dein frommes Gebet fordert umsonst den Freund—
Ach! Er war uns geliehn — zurück.

Quid? si Threicio blandius Orpheo
Auditam moderere arboribus fidem,
Num vanae redeat sanguis imagini,   15
    Quam virga semel horrida,

Non lenis precibus fata recludere,
Nigro compulerit Mercurius gregi.
Durum: sed levius fit patientia,
    Quidquid corrigere est nefas.   20

25

Parcius iunctas quatiunt fenestras
Iactibus crebris iuvenes protervi
Nec tibi somnos adimunt amatque
    Ianua limen,

Quae prius multum facilis movebat   5
Cardines. Audis minus et minus iam:
Me tuo longas pereunte noctes,
    Lydia, dormis?'

Invicem moechos anus arrogantes
Flebis in solo levis angiportu,   10
Thracio bacchante magis sub inter-
    lunia vento,

Cum tibi flagrans amor et libido,
Quae solet matres furiare equorum,
Saeviet circa iecur ulcerosum   15
    Non sine questu,

Laeta quod pubes hedera virenti
Gaudeat pulla magis atque myrto,
Aridas frondes hiemis sodali
    De dicet Euro.   20

Sängst du schmeichelnder als Orpheus der Thracier,
Dem die Bäume gelauscht, wenn er die Leier schlug:
Nie doch kehret das Blut wieder dem Schattenbild,
    Das mit schaurigem Stab einmal,

Unserm Flehn des Geschicks Schlüsse zu lösen taub,
Hin zur düsteren Schar lenkte Merkurius.
Hart wohl ist's, doch Geduld mildert ein Mißgeschick,
    Das zu ändern ein Gott verbeut.

DÜRRES LAUB

Seltner fühlen schon deine Fensterläden,
Wie die Jugend stürmt und um Einlaß klopfet;
Schlummerst ungestört, deines Hauses Pförtchen
    Hangt an der Schwelle,

Das doch sonst so gern in den Angeln schwebte.
Seltner hörst du schon, immer seltner rufen:
Während Nacht um Nacht dein Geliebter schmachtet,
    Lydia, schläfst du?

Selber mußt du bald ob dem Stolz der Buhler
Weinen, alt, mißachtet, im öden Gäßlein,
Wenn in Neumondnächten der Thrakersturmwind
    Wilder heranbraust:

Während wollustheiße Begierde, wie sie
In der Brunstzeit Stuten zu wilder Wut reizt,
Dir das Herz durchwühlet, das liebewunde,
    Und du bejammerst,

Daß des Epheus Grün und die dunkle Myrthe
Frohem Jünglingssinne behagt und daß er
Dürres Laub dem Eurus verehrt, des Winters
    Treuem Genossen.

26

Musis amicus tristitiam et metus
Tradam protervis in mare Creticum
    Portare ventis, quis sub Arcto
        Rex gelidae metuatur orae,

Quid Tiridaten terreat, unice   5
Securus. O quae fontibus integris
    Gaudes, apricos necte flores,
        Necte meo Lamiae coronam,

Pimplea dulcis. Nil sine te mei
Prosunt honores: hunc fidibus novis,   10
    Hunc Lesbio sacrare plectro
        Teque tuasque decet sorores.

27

Natis in usum laetitiae scyphis
Pugnare Thracum est: tollite barbarum
    Morem verecundumque Bacchum
        Sanguineis prohibete rixis!

Vino et lucernis Medus acinaces   5
Immane quantum discrepat: impium
    Lenite clamorem, sodales,
        Et cubito remanete presso!

Vultis severi me quoque sumere
Partem Falerni? dicat Opuntiae   10
    Frater Megillae, quo beatus
        Vulnere, qua pereat sagitta.

Cessat voluntas? Non alia bibam
Mercede. Quae te cumque domat Venus,
    Non erubescendis adu.·it   15
        Ignibus ingenuoque semper

AN LAMIA

Ein Musenliebling, geb ich Verdruß und Furcht
Dem lustgen Windhauch hin in das Kretermeer
    Zu tragen, was wohl für ein Fürst der
        Eisigen Zone sich furchtbar mache

Dort unterm Pol, was drohe dem Tiridat,
Gar unbesorgt. O süße Pimplea, die
    Des lautern Quells sich freut, o winde
        Sonnige Blumen, o winde Kränze

Für meinen Lamia! Frommt es doch nichts, mein Lob,
Wofern du fehlst: nein, ihn zu verherrlichen
    Mit neuem Lied auf Lesbos' Laute
        Ziemet dir selbst und dem Chor der Schwestern.

LIEBESBEICHTE

Bei Bechern, die zur Freude geschaffen sind,
Kämpft thrakisch Volk nur: laßt die barbarische
    Unsitte doch und wahrt vor blutgem
        Hader den sittigen Gott des Weines!

Bei Wein und Lichtglanz medischer Säbel Klang —
Welch greller Mißton! Mäßigt, ihr Freunde, doch
    Das Schrein, das heillos tolle, bleibet
        Ruhig am Platz auf den Arm gelehnet!

Wollt ihr, daß ich am herben Falerner auch
Teilnehme? Wohl, so sage der Bruder der
    Opunterin Megilla, welcher
        Pfeil ihn so selig ins Herz getroffen.

Du stockst und sagsts nicht? Aber um keinen Preis
Als diesen trink ich. Wie sie dich auch beherrscht,
    Der Liebe Gottheit, nie entflammt dich
        Niedrige Glut, du erliegest immer

Amore peccas: quidquid habes, age,
Depone tutis auribus. — A miser,
   Quanta laborabas Charybdi,
      Digne puer meliore flamma!   20

Quae saga, quis te solvere Thessalis
Magus venenis, quis poterit deus?
   Vix inligatum te triformi
      Pegasus expediet Chimaera.

28

Te maris et terrae numeroque carentis harenae
   Mensorem cohibent, Archyta,
Pulveris exigui prope litus parva Matinum
   Munera nec quidquam tibi prodest
Aerias tentasse domos animoque rotundum   5

   Percurrisse polum morituro.

Occidit et Pelopis genitor, conviva deorum,
   Tithonusque remotus in auras
Et Iovis arcanis Minos admissus, habentque
   Tartara Panthoiden iterum Orco   10
Demissum, quamvis clipeo Troiana refixo
   Tempora testatus nihil ultra
Nervos atque cutem morti concessarat atrae,
   Iudice te non sordidus auctor
Naturae verique: sed omnes una manet nox   15
   Et calcanda semel via leti.
Dant alios Furiae torvo spectacula Marti,
   Exitio est avidum mare nautis;
Mixta senum ac iuvenum densentur funera, nullum
   Saeva caput Proserpina fugit.   20

Nur edler Neigung: was es auch sei, wohlan,
Vertrau es sichern Ohren! — Du Armer, ach,
  Mit welchem Unheilstrudel rangst du,
    Besserer Flamme so werter Knabe!

Kann eine Zauberin, kann ein Beschwörer durch
Thessalschen Heiltrank, kann dich ein Gott befrein?
  Kein Pegasus reißt dich aus dieser
    Dreifachgestalten Chimära Schlingen!

A R C H Y T A S U N D D E R S C H I F F E R

Der Schiffer spricht:

„Dich, der Länder und Meer und des Sands unzählbare
  Einst durchmaß, dich umschließt, Archytas, [Menge
Nun am matinischen Strand nur wenigen Staubes
  Gabe; zu keinem Gewinne gereicht dirs,   [geringe
Daß du die Räume des Äthers erforscht und im Geiste
                                des Weltalls
  Rund durchflogst, da der Tod doch dein Los war."

Der Geist des Archytas spricht:

„Hinsank Pelops' Erzeuger, der Tafelgenosse der
  Und Tithonus, entrückt in den Himmel,   [Götter,
Minos auch, der Vertraute des Zeus; der Tartarus
  Panthoos Sohn, der wieder hinab zum   [wahret
Orkus fuhr, ob er gleich mit ergriffenem Schilde be-
  Daß er vor Ilios stand und dem schwarzen [kundet
Tode voreinst nur Haut und Sehne als Beute gelassen,
  Kein mißachtbarer Forscher der Wahrheit
Und der Natur, wie du weißt: ein Dunkel erwartet uns
  Einmal geht es die Straße des Todes.   [alle,
Mars, dem grimmigen weihn die Furien manchen zum
  Gieriges Meer bringt Schiffern Verderben; [Schauspiel,
Leichen der Greise liegen auf Jünglingsleichen, es lebt
  Haupt, das Proserpina scheute, die grause.   [kein

Me quoque devexi rapidus comes Orionis
  Illyricis Notus obruit undis.
At tu, nauta, vagae ne parce malignus harenae
  Ossibus et capiti inhumato
Particulam dare : sic, quodcunque minabitur Eurus 25
  Fluctibus Hesperiis, Venusinae
Plectantur silvae te sospite multaque merces,
  Unde potest, tibi defluat aequo
Ab Iove Neptunoque sacri custode Tarenti.
  Neglegis inmeritis nocituram   30
Postmodo te natis fraudem conmittere ? fors et
  Debita iura vicesque superbae
Te maneant ipsum : precibus non linquar inultis
  Teque piacula nulla resolvent.
Quamquam festinas, non est mora longa : licebit 35
  Iniecto ter pulvere curras.

29

  Icci, beatis nunc Arabum invides
  Gazis at acrem militiam paras
    Non ante devictis Sabaeae
      Regibus horribilique Medo

  Nectis catenas ? Quae tibi virginum   5
  Sponso necato barbara serviet,
    Puer quis ex aula capillis
      Ad cyathum statuetur unctis

  Doctus sagittas tendere Sericas
  Arcu pa'erno ? Quis neget arduis   10
    Pronos relabi posse rivos
      Montibus et Tiberim reverti,

Mich auch raffte der Süd, Orions des sinkenden wilder
    Bruder, hinab in illyrische Fluten.   [Handvoll
Doch du, Schiffer, ich flehe, verweigre nicht karg eine
    Flüchtigen Sands dem Gebein und dem Haupt das
Hier der Beerdigung harrt; so mag, was hesperischen
    Drohet der Ost, venusinische Wälder   [Fluten
Treffen, indes du selber verschont bleibst; reichlicher
    Ströme, woher er nur kann, dir vom gütgen [Segen
Juppiter zu und Neptun, dem Beschützer des heilgen
    Gilt es dir gleich unschuldigen Kindern [Tarentum.
Strafbare Schuld zu vererben? Vielleicht auch trifft die
    Strafe voll schonungsloser Vergeltung   [verdiente
Noch dein eigenes Haupt: mein Fluch wird sicher voll-
    Und kein sühnendes Opfer erlöst dich.   [zogen
Ob du auch eilst, der Verzug, er währt ja nicht lange:
                          bestreu mich
    Dreimal mit Staub und fahre dann weiter!

DER PHILOSOPH ICCIUS WILL INS FELD!

Auch du, mein Iccius, neidest Arabien jetzt
Die selgen Schätze? Drohest mit Schwert und Krieg
    Sabäas Fürsten, nie besiegt, hältst
        Ketten bereit für den Trotz des Meders?

Ja, ja, bald bringst du dir eine Sklavin heim
Aus Königstöchtern, wenn der Verlobte fiel.
    Ein Fürstenknabe, salbenduftend,
        Wird dir den Wein im Pokal kredenzen,

Der tüchtig ist zu schnellen den Inderpfeil
Von Vaters Bogen. Leugne nur einer noch,
    Der Quell könn' aufwärts zu den Bergen,
        Rückwärts die Fut aus dem Tibris fließen,

Cum tu coemptos undique nobilis
Libros Panaeti Socraticam et domum
   Mutare loricis Hiberis,   15
      Pollicitus meliora, tendis?

30

O Venus regina Cnidi Paphique,
Sperne dilectam Cypron et vocantis
Ture te multo Glycerae decoram
      Transfer in aedem.

Fervidus tecum puer et solutis   5
Gratiae zonis properentque Nymphae
Et parum comis sine te Iuventas
      Mercuriusque.

31

Quid dedicatum poscit Apollinem
Vates? quid orat de patera novum
   Fundens liquorum? Non opimae
      Sardiniae segetes feraces,

Non aestuosae grata Calabriae   5
Armenta, non aurum aut ebur Indicum,
   Non rura, quae Liris quieta
      Mordet aqua taciturnus amnis.

Premant Calenam falce quibus dedit
Fortuna vitem; dives et aureis   10
   Mercator exsiccet culillis
      Vina Syra reparata merce,

Dis carus ipsis, quippe ter et quater
Anno revisens aequor Atlanticum
   Inpune. Me pascunt olivae,   15
      Me cichorea levesque malvae.

Da du mit Gold erst Werke der Weisheit kaufst,
Und Sokrates nun plötzlich den Abschied gibst,
   Gibst, da so Großes du versprochen,
     Alles dahin — für ein Kleid von Eisen!

BITTE AN VENUS

Knidos' Königin und von Paphos, Venus,
Reiß dich einmal los vom geliebten Cypern,
Tritt ins Heiligtum meiner schönen Freundin,
     Siehe, sie opfert;

Doch laß Amor nicht im Geleite fehlen,
Und die Grazien nicht, ihres Gürtels ledig,
Und die Nymphen nicht, und die Jugendanmut,
     Endlich Merkur nicht.

MEIN GEBET

Was an Apollos heiligem Tage wünscht
Der Sänger sich? Was fleht er, den jungen Wein
   Der Schal' entgießend? Nicht die reiche
     Saat von Sardiniens fetten Fluren,

Nicht stattlich Vieh des heißen Calabriens,
Nicht Schätze Golds, nicht Indiens Elfenbein,
   Nicht Auen, die mit sanfter Welle
     Liris, der schweigende Strom, bespület.

Es schneide Cales' Hippe die Reben, wem
Das Glück sie gab; aus goldnen Pokalen mag
   Der reiche Kaufherr Weine schlürfen,
     Die er um syrische Waren tauschte,

Ein Götterliebling traun, denn er schaut im Jahr
Wohl drei- und viermal sonder Gefahr das Meer
   Des Atlas; mein Mahl sei'n Oliven,
     Ärmliche Malven und Zichoreen:

Frui paratis et valido mihi,
Latoe, dones ac precor integra
  Cum mente, nec turpem senectam
    Degere nec cithara carentem.   20

32

Poscimur. Si quid vacui sub umbra
Lusimus tecum, quod et hunc in annum
Vivat et plures, age dic Latinum,
    Barbite, carmen:

Lesbio primum modulate civi,   5
Qui ferox bello tamen inter arma,
Sive iactatam religarat udo
    Litore navim,

Liberum et Musas Veneremque et illi
Semper haerentem puerum canebat   10
Et Lycum nigris oculis nigroque
    Crine decorum.

O decus Phoebi et dapibus supremi
Grata testudo Iovis, o laborum
Dulce lenimen, mihi cunque salve   15
    Rite vocanti!

33

Albi, ne doleas plus nimio memor
Immitis Glycerae neu miserabilis
Decantes elegos, cur tibi iunior
    Laesa praeniteat fide.

Insignem tenui fronte Lycorida   5
Cyri torret amor, Cyrus in asperam
Declinat Pholoen; sed prius Apulis
    Iungentur capreae lupis,

Laß, Sohn Latonas, laß mich in rüstiger Kraft
Und ungeschwächt am Geiste genießen was
    Mir ward; kein schmachvoll Alter laß mich
        Schauen und keins, dem die Zither fehlt!

AN DIE LAUTE

Singen soll ich. Wenn ich mit dir im Schatten
Mußefroh je spielte was dieses Jahr und
    Länger lebt, auf, Laute, so laß Latiner-
        Sang nun ertönen:

Du, die Lesbos' Bürger zuerst geschlagen,
Der, ein Held im Kampf, in den Waffen, oder
    Wenn vom Strand, vom nassen, das sturmgepeitschte
        Schiff er gelöst hat,

Bacchus pries im Lied und die Musen und pries
Venus mit dem stets ihr vereinten Knaben,
    Lykus auch den holden mit schwarzem Aug' und
        Schwarzem Gelocke.

Phöbus' Schmuck, o Laute, willkommen bei des
Hohen Jovis Mahle, du aller Schmerzen
    Süßer Trost, o sei mir geneigt, so oft ich
        Ziemend dich rufe.

AN ALBIUS TIBULLUS

Nimm doch, Albius, dir Glyceras falsches Herz
Nicht zu sehr zu Gemüt! Weine nicht deinen Schmerz
    Laut in Klagegesang, daß sie um jüngres Blut
        Dir, Tibull, ihre Treue brach!

Sieh, Lykoris, die Maid reizend in schmaler Stirn,
Ist in Cyrus entbrannt, Cyrus in Pholoe,
    Die verschmäht wieder ihn, und es gesellt sich eh'r
        Zum apulischen Wolf das Lamm,

Quam turpi Pholoe peccet adultero.
Sic visum Veneri, cui placet impares   10
Formas atque animos sub iuga aenea
    Saevo mittere cum ioco.

Ipsum me melior cum peteret Venus,
Grata detinuit compede Myrtale
Libertina fretis acrior Hadriae   15
    Curvantis Calabros sinus.

34

Parcus deorum cultor et infrequens,
Insanientis dum sapientiae
   Consultus erro, nunc retrorsum
    Vela dare atque iterare cursus

Cogor relictos. Namque Diespiter,   5
Igni corusco nubila dividens
   Plerumque, per purum tonantes
    Egit equos volucremque currum,

Quo bruta tellus et vaga flumina,
Quo Styx et in visi horrida Taenari   10
   Sedes Atlanteusque finis
    Concutitur. Valet ima summis

Mutare et insignem attenuat deus,
Obscura promens; hinc apicem rapax
   Fortuna cum stridore acuto   15
    Sustulit, hic posuisse gaudet.

35

O diva, gratum quae regis Antium,
Praesens vel imo tollere de gradu
   Mortale corpus vel superbos
    Vertere funeribus triumphos:

Ehe Pholoe sich Cyrus' Begier ergibt.
Venus treibt es nun so! Grade was sich nicht schickt,
Nicht an Seele und Leib, spannt sie ins gleiche Joch,
    In das ehrne, und lacht dazu.

Lag doch ich, als mir einst feinere Gunst gewinkt,
In der Zaubergewalt Myrtales festgebannt,
Sie einst Sklavin und noch wilder als Hadrias Meer,
    Das Calabriens Buchten höhlt.

U M K E H R

Der karg und lau nur ehrte die Götter und
Unweiser Weisheit huldigend irreging, —
    Ich wende nun die Segel, steure
        Wieder die alten verlaßnen Bahnen

Zurück. Der Gott, der sonst nur durch Wolkennacht
Den hellen Blitzstrahl schleudert, der lenkte jüngst
    Durch heitre Luft die Flammenrosse
        Mit dem geflügelten Donnerwagen,

So daß des Erdballs Wucht und der Ströme Flut,
Daß selbst die Styx und Tänarus' arger Sitz
    Voll Grauns und Atlas' Land erschüttert
        Bebte. Ja, Hohes vermag in Niedres

Der Gott zu wandeln, Glänzende stürzt er, zieht
Vor, was in Nacht lag; schwirrenden Flügelschlags
    Nimmt dem Fortuna seine Krone
        Lachend herunter und reicht sie jenem.

A N F O R T U N A

Du, die du thronst in Antiums Wonnesitz,
O Göttin, machtvoll Sterbliche bald vom Staub
    Erhebst und bald in Leichenzüge
        Stolzer Triumphe Gepräng verwandelst:

Te pauper ambit sollicita prece   5
Ruris colonus, te dominam aequoris,
   Quicunque Bithyna lacessit
     Carpathium pelagus carina;

Te Dacus asper, te profugi Scythae
Urbesque gentesque et Latium ferox   10
   Regumque matres barbarorum et
     Purpurei metuunt tyranni,

Iniurioso ne pede proruas
Stantem columnam, neu populus frequens
   Ad arma cessantes, ad arma   15
     Concitet imperiumque frangat.

Te semper anteit serva Necessitas,
Clavos trabales et cuneos manu
   Gestans aena nec severus
     Uncus abest liquidumque plumbum;   20

Te Spes et albo rara Fides colit
Velata panno nec comitem abnegat,
   Utcunque mutata potentes
     Veste domos inimica linquis:

At vulgus infidum et meretrix retro   25
Periura cedit, diffugiunt cadis
   Cum faece siccatis amici
     Ferre iugum pariter dolosi.

Serves iturum Caesarem in ultimos
Orbis Britannos et iuvenum recens   30
   Examen Eois timendum
     Partibus Oceanoque rubro.

Eheu cicatricum et sceleris pudet
Fratrumque. Quid nos dura refugimus
   Aetas? Quid intactum nefasti   35
     Liquimus? Unde manum iuventus

Dir naht sich angstvoll flehend der dürftige
Leibeigne, dir, o Meeregebieterin,
    Wer immer auf bithynschem Kiele
        Trotzt dem karpathischem Meergewoge;

Dich fürchten Skythias Horden, der Daker dich,
Der wilde, Städt' und Länder und Latiums
    Kriegsmutig Volk, dich fremder Fürsten
        Mütter, Tyrannen im Schmuck des Purpurs,

Daß du die aufrecht stehende Säule nicht
Hohnvollen Tritts hinwerfest, gerottet Volk
    Zu Waffen was da säumt, zu Waffen
        Rufe, die Kronen in Stücken schlage.

Dir geht voran die grause Notwendigkeit,
Und Keile trägt und mächtige Nägel sie
    In ehrner Hand, auch fehlt die strenge
        Klammer, es fehlt das flüßge Blei nicht;

Dir folgt die Hoffnung, Treue die seltene,
Gehüllt in Weiß, die ihre Begleitung nicht
    Versagt, wenn du das Kleid vertauschend
        Feindlich verlässest der Großen Häuser:

Doch falsch entweicht der Pöbel, die Buhlerin
Vergißt des Eidschwurs; wenn bis zur Hefe sie
    Geleert das Faß, dann fliehn die Freunde
        Tückisch entschlüpfend dem Druck des Joches.

O schirme, Cäsar, der zu Britannias
Entlegnem Erdrand zieht, und der Jünglinge
    Noch frische Heerschar, der das Rote
        Meer und die Länder des Morgens zittern.

Weh wie gereun uns Narben und Missetat
Und Brudermord! Wir Arge, was scheuten wir?
    Was blieb vor unsern Freveln heilig?
        Wessen enthielt sich die Hand der Jugend

Metu deorum continuit? Quibus
Pepercit aris? O utinam nova
  Incude diffingas retusum in
    Massagetas Arabasque ferrum!   40

36

Et ture et fidibus iuvat
Placare et vituli sanguine debito
  Custodes Numidae deos,
Qui nunc Hesperia sospes ab ultima

  Caris multa sodalibus,   5
Nulli plura tamen dividit oscula
  Quam dulci Lamiae, memor
Actae non alio rege puertiae

  Mutataeque simul togae.
Cressa ne careat pulchra dies nota   10
  Neu promptae modus amphorae
Neu morem in Salium sit requies pedum

  Neu multi Damalis meri
Bassum Threicia vincat amystide
  Neu desint epulis rosae   15
Neu vivax apium neu breve lilium.

  Omnes in Damalin putres
Deponent oculos nec Damalis novo
  Divelletur adultero,
Lascivis hederis ambitiosior.   20

37

Nunc est bibendum, nunc pede libero
Pulsanda tellus! nunc Saliaribus
  Ornare pulvinar deorum
    Tempus erat dapibus, sodales!

Aus Furcht vor den Göttern? Welcher Altäre ward
Von ihr geschont? O unser gestumpftes Schwert
    Auf neuem Amboß schlag es für die
      Araber um und die Massageten!

FREUND NUMIDAS RÜCKKEHR

Weihrauch will ich und Saitenspiel
Froh nun weihn und des Kalbs schuldiges Opferblut
    Für die Götter des Numida,
Der jetzt glücklich gekehrt fern von Hesperia

All den teuern Genossen viel,
Niemand aber so viel zärtliche Küsse bringt,
    Als des Lamia trautem Haupt:
War ein Lehrer es doch, der sie erzog und ein

Fest gab beiden den Togaschmuck.
Nein, dem herrlichen Tag fehle sein Strichlein nicht,
    Maßlos reihe sich Krug an Krug,
Und vom salischen Tanz dürfe der Fuß nicht ruhn

Und die Zecherin Damalis
Sieg' im thrakischen Zug über den Bassus nicht!
    Schafft auch Rosen herbei zum Mahl,
Grün des Eppichs und schnell welkende Lilien!

Dann läßt jeder das trunkene
Aug auf Damalis ruhn; Damalis aber weicht
    Nicht vom neuen Geliebten, um
Den sie fester sich als üppiger Epheu schlingt.

KLEOPATRA

Jetzt laßt uns trinken, jetzt uns mit freiem Fuß
Die Erde stampfen! Jetzt ist der Augenblick,
    Daß wir den Tisch der Götter schmücken,
      Freunde, zum Fest mit des Danks Gelagen!

Antehac nefas depromere Caecubum   5
Cellis avitis, dum Capitolio
    Regina dementes ruinas
        Funus et imperio parabat

Contaminato cum grege turpium
Morbo virorum quidlibet impotens   10
    Sperare fortunaque dulci
        Ebria. Sed minuit furorem

Vix una sospes navis ab ignibus
Mentemque lymphatam Mareotico
    Redegit in veros timores   15
        Caesar ab Italia volantem

Remis adurgens, accipiter velut
Molles columbas aut leporem citus
    Venator in campis nivalis
        Haemoniae, daret ut catenis   20

Fatale monstrum. Quae generosius
Perire quaerens nec muliebriter
    Expavit ensem nec latentes
        Classe cita reparavit oras.

Ausa et iacentem visere regiam   25
Vultu sereno, fortis et asperas
    tractare serpentes, ut atrum
        Corpore conbiberet venenum,

Deliberata morte ferocior,
Saevis Liburnis scilicet invidens   30
    Privata deduci superbo
        Non humilis mulier triumpho.

Wer trug auch Lust nach Cäkubers edlem Saft,
Der tief verschlossen lagert in Kellers Grund,
  Solange noch Ägyptens Herrin
    Tod uns gedroht und dem Reich den Umsturz!

Wie wiegte doch in dem törichten Wahn sie sich,
Mit ihrem Schwarm entarteten Männervolks,
  In Wunder was für Hoffnung, trunken
    Schier ihres Glücks! Doch wie bald verdampfte

Der Siegesrausch, da kaum nur ein einzger Kiel
Der Glut entging! Wie schlug dann in offne Furcht
  Der weinumflorte Sinn, als Cäsar
    Rastlos das Schiff, das nach Ost sich wandte,

Im Fluge jagte — rasch wie der Falke scheucht
Die zarte Taube oder der Jägersmann
  Den Hasen auf Hämonias Schneefeld —
    Daß er ergriff' und in Ketten schlüge

Das Wunderweib! Doch siehe in edlerm Tod
Denkt sie zu sterben, schreckt nicht nach Frauenart
  Vor blanken Schwertern, sucht sich nicht
    In schirmender Bucht durch die Flucht zu bergen.

Sie hat den Mut, betritt noch mit heiterm Blick
Die nun in Trümmer sinkende Königsburg,
  Greift kühn dann zum Gezücht der Nattern,
    Tränkt ihre Brust mit dem schwarzen Gifte,

Und zeigt im Tode so noch den höchsten Stolz,
Denn sie versagt den römischen Seglern so
  Sie, aller Hoheit schon entkleidet,
    Noch in der Schmach des Triumphs zu zeigen.

38

Persicos odi, puer, adparatus,
Displicent nexae philyra coronae,
Mitte sectari, rosa quo locorum
    Sera moretur.

Simplici myrto nihil allabores
Sedulus curo: neque te ministrum
Dedecet myrtus neque me sub arta
    Vite bibentem.

5

AN SEINEN MUNDSCHENK

Nein ich liebe nicht diesen Perserluxus,
Finde nicht Gefallen an bunten Kränzen;
Laß unangerührt mir die späte Rose,
    Wo sie noch blühn mag!

Füge nichts dem Grün unsrer Myrthe bitte
Künstlich noch hinzu! Schön genug steht mir, dem
Trinker, dir, dem Schenk, nur der Myrthe Kranz, im
    Schatten des Weinlaubs.

1

Motum ex Metello consule civicum
Bellique causas et vitia et modos
    Ludumque Fortunae gravesque
      Principum amicitias et arma

Nondum expiatis uncta cruoribus,   5
Periculosae plenum opus aleae,
    Tractas et incedis per ignis
      Suppositos cineri doloso.

Paulum severae musa tragoediae
Desit theatris: mox ubi publicas   10
    Res ordinaris, grande munus
      Cecropio repetes cothurno,

Insigne maestis praesidium reis
Et consulenti, Pollio, curiae,
    Cui laurus aeternos honores   15
      Dalmatico peperit triumpho.

Iam nunc minaci murmure cornuum
Perstringis aures, iam litui strepunt,
    Iam fulgor armorum fugaces
      Terret equos equitumque vultus.   20

Audire magnos iam videor duces,
Non indecoro pulvere sordidos
    Et cuncta terrarum subacta
      Praeter atrocem animum Catonis.

Iuno et deorum quisquis amicior   25
Afris inulta cesserat impotens
    Tellure victorum nepotes
      Rettulit inferias Iugurthae.

WARNUNG AN ASINIUS POLLIO

Du unternimmst ein peinlich gefahrvoll Werk,
Wenn, Pollio, du vom Konsul Metellus her
    Den Bürgerkrieg mit seines Hasses
        Blutigem Greul, seines Würfels Wechsel,

Dem Bund der Fürsten — Alles das schildern willst,
Solang das Schwert noch raucht von vergossnem Blut.
    Du schreitest über Aschenhaufen,
        Lauernd noch glüht ungelöscht der Funken.

Entzieh uns nicht, und nicht unserer Bretterwelt
Auf lange Zeit die Muse des Trauerspiels;
    Hast du vollendet dein Geschichtswerk,
        Kehre zurück zum Kothurn des Cecrops;

Enthüll uns wieder seinen gewaltigen Gang,
Du Schutz Beklagter, Rat in der Curie Saal,
    Und nun mit nimmer welkem Lorbeer
        Herrlich geschmückt für Dalmatiens Siege.

Horch! Schon erklingts wie drohender Hörner Schall!
Schon ist's, als hör ich schmetternde Zinken rings!
    Und sehe, wie der Blitz der Waffen
        Schrecket das Roß und den Blick des Reiters.

Mir ist's als hör ich, höre vernehmlich schon
Der Feldherrn Ruf, geschönt von dem Staub der
    Nun seh ich alles rings bezwungen,   [Schlacht,
        Ununterjocht nur den Trotz des Cato.

Doch Juno, weh! Und alle die Götter sonst,
Die man verstieß aus Afrika schonungslos —
    Sie nehmen Rache an den Enkeln,
        Opfern sie hin an Jugurthas Manen.

Quis non Latino sanguine pinguior
Campus sepulcris inpia proelia   30
    Testatur auditumque Medis
      Hesperia sonitum ruinae?

Qui gurges aut quae flumina lugubris
Ignara belli? Quod mare Dauniae
    Non decoloravere caedes?   35
      Quae caret ora cruore nostro?

Sed ne relictis, Musa procax, iocis
Ceae retractes munera neniae;
    Mecum Dionaeo sub antro
      Quaere modos leviore plectro.   40

2

Nullus argento color est avaris
Abdito terris, inimice lamnae
Crispe Sallusti, nisi temperato
    Splendeat usu.

Vivet extento Proculeius aevo,   5
Notus in fratres animi paterni,
Illum aget penna metuente solvi
    Fama superstes.

Latius regnes avidum domando
Spiritum quam si Libyam remotis   10
Gadibus iungas et uterque Poenus
    Serviat uni.

Crescit indulgens sibi dirus hydrops
Nec sitim pellit, nisi causa morbi
Fugerit venis et aquosus albo   15
    Corpore languor.

Wo ist seitdem ein Feld, wo nicht Römerblut
Und Totenhügel zeugen von unserm Zwist?
    Erscholl der Klang vom Sturz Hesperiens,
        Nicht bis zum Ost, bis zu fernsten Völkern?

Wo ist ein Strom, ein Schlund, der nicht Kunde nah
Vom Tränenkrieg? Ein Meer, dessen Fluten nicht
    Von Daunier Morden rot gefärbt? Ein
        Ufer, das nicht unser Blut getrunken?

Doch reiß dich nicht zu ceischem Schmerzensschrei,
O, Muse, fort, die Laute liebt heitern Klang;
    Komm, stimme in Dionens Grotte
        Lieber wie sonst deine sanften Weisen.

GEGEN DIE HABSUCHT / AN SALLUSTIUS CRISPUS

Welchen Zauber hat, welchen Reiz das Silber,
Das mit geizgem Schoß noch die Erde decket?
Freut dich rohes Erz, ehe weise Nutzung
    Glanz ihm verliehen?

Nur weil er sein Gut für die Brüder hingab,
Segnen Enkel noch Prokulejus' Namen,
Unermüdet trägt ihn auf ewger Schwinge
    Fama zur Nachwelt.

Zähm des Herzens Gier, so erschließt dem Willen
Sich ein weitres Feld, als gehorchte Lybien
Bis wo Gades Feld sich im Abend strecket,
    Deinem Gebote.

Hat die Wassersucht deinen Leib ergriffen,
Steigt der Durst und wächst in erhöhter Stärke,
Bis der Keim getilgt, bis der Krankheit Wurzel
    Fort aus den Adern.

Redditum Cyri solio Phraaten
Dissidens plebi numero beatorum
Eximit Virtus populumque falsis
    Dedocet uti   20

Vocibus, regnum et diadema tutum
Deferens uni propriamque laurum
Quisquis ingentes oculo inretorto
    Spectat acervos.

3

Aequam memento rebus in arduis
Servare mentem, non secus in bonis
    Ab insolenti temperatam
        Laetitia, moriture Delli,

Seu maestus omni tempore vixeris   5
Seu te in remoto gramine per dies
    Festos reclinatum bearis
        Interiore nota Falerni.

Quo pinus ingens albaque populus
Umbram hospitalem consociare amant   10
    Ramis? Quid obliquo laborat
        Lympha fugax trepidare rivo?

Huc vina et unguenta et nimium brevis
Flores amoenae ferre iube rosae,
    Dum res et aetas et sororum   15
        Fila trium patiuntur atra.

Cedes coemptis saltibus et domo
Villaque flavus quam Tiberis lavit,
    Cedes et exstructis in altum
        divitiis potietur heres.   20

Ob des Cyrus Thron dem Phraates zufällt,
Darum preist ihn doch die Vernunft nicht selig:
Sie faßt dies Wort in erhabnerem Sinne,
   Als es das Volk tut.

Ihre Krone, ihr Diadem, das ewge,
Ihres Lorbeers Kranz wird sie dem nur reichen,
Dem das Herz nicht klopft, wenn der Blick auch ruht
   Auf Bergen von Golde.

GENUSS DES LEBENS

Ein Herz voll Gleichmut in der Geschicke Drang,
In guter Zeit gleich frei von dem Übermaß
   Unbändger Lust, ein solches, Dellius,
     Suche zu wahren, du mußt ja sterben,

Ob du in Gram dein Leben vertrauertest,
Ob hingestreckt auf heimlichen Rasengrund
   Manch selgen Festtag du dir schufest
     Köstlichen alten Falerner schlürfend.

Und wölben nicht die Zweige der Pinie
Und Silberpappel gastlich auch dir ihr Dach?
   Und rauscht umsonst in Schlangenwindung
     Murmelnd der Quell sein kristallnes Wasser?

Hier schaffe Wein und duftende Narde hin
Und holder Rosen ach nur zu kurze Pracht,
   Da Glück und Jugend und der Schwestern
     Düsterer Faden es noch gestattet!

Fort mußt du von den Wäldern, die du erkauft,
Von Haus und Hof, die Tibris, der gelbe, netzt,
   Fort mußt du, und der hochgetürmten
     Schätze bemeistert sich froh der Erbe.

Divesne prisco natus ab Inacho
Nil interest an pauper et infima
   De gente sub divo moreris,
      Victima nil miserantis Orci.

Omnes eodem cogimur, omnium   25
Versatur urna serius ocius,
   Sors exitura et nos in aeternum
      Exilium inpositura cumbae.

4

Ne sit ancillae tibi amor pudori,
Xanthia Phoceu: prius insolentem
Serva Briseis niveo colore
   Movit Achillem,

Movit Aiacem Telamone natum   5
Forma captivae dominum Tecmessae,
Arsit Atrides medio in triumpho
   Virgine rapta,

Barbarae postquam cecidere turmae
Thessalo victore et ademptus Hector   10
Tradidit fessis leviora tolli
   Pergama Grais.

Nescias an te generum beati
Phyllidis flavae decorent parentes:
Regium certe genus et penates   15
   Maeret iniquos.

Crede non illam tibi de scelesta
Plebe dilectam neque sic fidelem,
Sic lucro aversam potuisse nasci
   Matre pudenda.   20

Sei reich, entstammt aus Inachus' altem Haus,
Sei arm an Gut, ein Sohn des geringsten Volks —
    Gleichviel wie du hier weilest, ohne
        Gnade verfällst du dem Reich des Orkus.

Ja e i n e n Weg muß alles, uns allen springt
Ob früh ob spät einst aus dem geschwungnen Topf
    Das letzte Los — in jenen Nachen
        Holt es dich ab und du kommst nicht wieder.

V I E L L E I C H T

Schäm du dich der Liebe zur Sklavin ja nicht,
Xanthias aus Phocis: Achilles' stolzes
    Herz erlag der dienenden Briesestochter
        Schneeigem Glanze,

Es erlag Tekmessa's, der kriegsgefangnen,
Reiz ihr Herr, der Telamonsprößling Ajax,
    Atreus' Sohn entflammt ein geraubtes Mädchen
        Mitten im Siegszug,

Als dahin die feindlichen Reihn gesunken
Vor Thessalias Helden und Pergamum nach
    Hektors Fall ein leichterer Raub den müden
        Griechen geworden.

Weißt du, ob nicht Phyllis', der blonden, Eltern
Dir als Eidam Glanz noch verleihn? O sicher
    Weint sie um ein königlich Haus, das seine
        Götter verlassen.

Glaube nicht, daß sie, die du liebst, gemeinem
Volk entsproß; so treu, so von aller Habsucht
    Ferne, — nein, die stammet gewiß von keiner
        Niedrigen Mutter!

Bracchia et vultum teretesque suras
Integer laudo: fuge suspicari
Cuius octavum trepidavit aetas
    Claudere lustrum.

5

Nondum subacta ferre iugum valet
Cervice, nondum munia conparis
    Aequare nec tauri ruentis
        In venerem tolerare pondus.

Circa virentis est animus tuae   5
Campos iuvencae, nunc fluviis gravem
    Solantis aestum, nunc in udo
        Ludere cum vitulis salicto

Praegestientis. Tolle cupidinem
Inmitis uvae: iam tibi lividos   10
    Distinguet autumnus racemos
        Purpureo varius colore.

Iam te sequetur: currit enim ferox
Aetas et illi, quod tibi dempserit
    Apponet annos, iam proterva   15
        Fronte petet Lalage maritum,

Dilecta, quantum non Pholoe fugax,
Non Chloris albo sic umero nitens
    Ut pura nocturno renidet
        Luna mari Cnidiusve Gyges,   20

Quem si puellarum insereres choro,
Mire sagaces falleret hospites
    Discrimen obscurum solutis
        Crinibusambiguoque vultu.

Angesicht und Arm und die runde Wade
Lob ich — ganz in Ehren: du fürchtest doch nichts
Von dem Freund, der leider bereits der Lustra
    Achtes geschlossen?

WARTE NOCH

Noch nicht erträgt ihr Nacken des Joches Last,
Noch nicht vermag sie gleich mit dem Mitgespann
    Zu ziehn, vermag noch nicht des brünstig
        Stürmenden Stieres Gewicht zu tragen.

Auf grünen Wiesgrund lenket den Sinn allein
Dein junges Rind, jetzt drückender Hitze Glut
    Im Flusse kühlend, jetzt in feuchtem
        Weidengebüsche mit Kälbern munter

Im Spiel sich tummelnd. Laß dich der Traube, die
Noch nicht gereift, nicht lüsten: der bunte Herbst
    Wird bald genug die helle Beere
        Dir mit der Farbe des Purpurs malen.

Bald wird sie selbst dir folgen: in raschem Flug
Enteilt die Zeit und legt ihr an Jahren zu,
    Was du verlierst; bald sucht mit kecker
        Stirne sich Lalage selbst den Gatten,

Dir teurer, als die flüchtige Pholoe,
Als Chloris, der die Schulter, die weiße, hell
    Wie Mondesglanz auf nächtger Meerflut
        Schimmert, und teurer als jener Gyges

Aus Knidos, den im Kreise der Mädchenschar
Der Gäste forschend Auge vergeblich sucht,
    Ein Rätsel traun mit seiner Locken
        Wallendem Gold und dem holden Antlitz.

6

Septimi, Gades aditure mecum et
Cantabrum indoctum iuga ferre nostra et
Barbaras Syrtes, ubi Maura semper
    Aestuat unda.

Tibur Argeo positum colono   5
Sit meae sedes utinam senectae,
Sit modus lasso maris et viarum
    Militiaeque.

Unde si Parcae prohibent iniquae,
Dulce pellitis ovibus Galaesi   10
Flumen et regnata petam Laconi
    Rura Phalantho.

Ille terrarum mihi praeter omnis
Angulus ridet, ubi non Hymetto
Mella decedunt viridique certat   15
    Baca Venafro,

Ver ubi longum tepidasque praebet
Iuppiter brumas et amicus Aulon
Fertili Baccho minimum Falernis
    Invidet uvis: 20

Ille te mecum locus et beatae
Postulant arces: ibi tu calentem
Debita sparges lacrima favillam
    Vatis amici.

7

O saepe mecum tempus in ultimum
Deducte Bruto militiae duce,
    Quis te redonavit Quiritem
        Dis patriis Italoque caelo,

R U H E S I T Z

Ja, Septim, ich weiß, zög ich hin nach Gades,
In des Basken Land, des noch ungezähmten,
Oder wo das Meer an die Wüsten brauset —
    Du zögest mit mir.

Doch, gefällt es Gott, ist das traute Tibur,
Argos' Töchterlein, meines Alters Ruhesitz,
Meines Friedens Port nach des Krieges Sturm,
    Nach Wandern und Irren.

Bleibt mir dies versagt durch den Neid der Parzen,
Zieht das Herz mich hin nach Tarentums Fluren,
An Galäsus' Strand, an die herdenreichen
    Grünen Gelände.

Lacht mir doch kein Fleckchen der Welt wie dieses,
Wo der Honig nicht dem Hymettus nachsteht
Und des Ölbaums Frucht mit der deinen eifert,
    Grünes Venafrum.

Hier, wo langen Lenz und gelinden Winter
Zeus in Huld verleiht, wo im Bacchussegen
Aulons' Hang die Glut von Falernum's Rebe
    Kaum noch beneidet:

Dieses holde Tal und die seligen Höhen
Laden dich und mich: Und dereinst — so weine
Dort dem Aschenkrug deines Sängerfreundes
    Die schuldige Träne.

E I N   W I E D E R S E H E N

O du, der oftmal Todesgefahr geteilt
  Mit mir, da Brutus Führer der Scharenwar,
    Wer schenkte dich als Bürger wieder
      Heimischen Göttern, Italiens Himmel,

Pompei, meorum prime sodalium,   5
Cum quo morantem saepe diem mero
   Fregi, coronatus nitentis
      Malobathro Syrio capillos?

Tecum Philippos et celerem fugam
Sensi relicta non bene parmula,   10
   Cum fracta virtus et minaces
      Turpe solum tetigere mento;

Sed me per hostes Mercurius celer
Denso paventem sustulit aere,
   Te rursus in bellum resorbens   15
      Unda fretis tulit aestuosis.

Ergo obligatam redde Iovi dapem
Longaque fessum militia latus
   Depone sub lauru mea nec
      Parce cadis tibi destinatis.   20

Oblivioso levia Massico
Ciboria exple, funde capacibus
   Unguenta de conchis. Quis udo
      Deproperare apio coronas

Curatve myrto? Quem Venus arbitrum   25
Dicet bibendi? Non ego sanius
   Bacchabor Edonis: recepto
      Dulce mihi furere est amico.

8

  Ulla si iuris tibi peierati
  Poena, Barine, nocuisset unquam,
  Dente si nigro fieres vel uno
     Turpior ungui,

Pompejus, Erstling meiner Genossen du,
Mit dem ich manch träg schleichenden Tag vertrieb,
    Beim Wein, die kranzumflochtnen Locken
        Helle von syrischer Salbe schimmernd?

Du sahst Philippi's Tag und die rasche Flucht
Mit mir, dess Schildlein leider verloren ging,
    Als Mannesmut hinsank und unsre
        Helden so tapfer den Boden küßten.

Doch mich den furchtsam zagenden trug Merkur
Rasch durch den Feind in dichtes Gewölk gehüllt,
    Dich schlang die Kriegsflut wieder rückwärts,
        Riß dich hinein in die wilden Wellen.

Dein schuldig Festmahl spende nun Juppiter,
Laß ruhn den Arm vom ewgen Kriege müd
    In meines Lorbeers Schatten, spare
        Nicht die Pokale, sie sind für dich ja.

Den blanken Kelch, o füll ihn mit massischem
Vergessenstrank, aus vollem Gefäße geuß
    Die Salben aus! Wer weiß in Eile
        Kränze zu flechten von duftgem Eppich

Und Myrtenlaub? Die Würfel herbei! Wer soll
Heut König sein? Gleich einem Edoner will
    Ich jauchzen: süß ist mir des Wahnsinns
        Jubel, ich habe den Freund ja wieder!

BARINE

Ja, wenn einmal nur wegen all der Schwüre,
Die du treulos brachst, du gebüßt, Barine,
    Wär ein Zahn nur schwarz, nur ein Nagel fleckig —
        Gerne ja glaubt ich!

Crederem: sed tu simul obligasti 5
Perfidum votis caput, enitescis
Pulchrior multo iuvenumque prodis
    Publica cura.

Expedit matris cineres opertos
Fallere et toto taciturna noctis 10
Signa cum caelo gelidaque divos
    Morte carentes.

Ridet hoc, inquam, Venus ipsa, rident
Simplices Nymphae, ferus et Cupido
Semper ardentis acuens sagittas 15
    Cote cruenta.

Adde quod pubes tibi crescit omnis,
Servitus crescit nova nec priores
Impiae tectum dominae relinquunt,
    Saepe minati. 20

Te suis matres metuunt iuvencis,
Te senes parci, miseraeque nuper
Virgines nuptae, tua ne retardet
    Aura maritos.

9

Non semper imbres nubibus hispidos
Manant in agros aut mare Caspium
    Vexant inaequales procellae
      Usque nec Armeniis in oris,

Amice Valgi, stat glacies iners 5
Menses per omnes aut aquilonibus
    Querceta Gargani laborant
      Et foliis viduantur orni:

Doch mit jedem Schwur, der dein Haupt belastet,
Strahlest du in hellerem Glanz, o Mädchen!
Wo du nur erscheinst, alle Herzen fliegen
    Dir mit Gewalt zu.

Jeder Meineid schönt: bei der Mutter Asche,
Bei der heiligen Nacht, den verschwiegnen Sternen,
Beim Olympos selbst, und bei den, den Tod nie
    Schauenden Göttern.

Das zwingt, traun, Cythere wohl selbst zum Lachen,
Und der Nymphen Herz und den grausen Amor,
Der nur immer neu seine Pfeile schärft auf
    Blutigem Wetzstein.

Wunderbar! Dir fällt immer neu die Jugend,
Neu in Fesseln zu, aber auch die Alten
Können nicht zurück von dem falschen Haus,
    Wie oft sie gedrohet.

Mütter fürchten dich um der Söhne willen,
Karge Väter dich, und die armen Jungfrauen,
Die erst jüngst vermählt, daß die Gatten nicht
    Dein Atem bezaubre.

ERMANNE DICH

Nicht immer strömt aus Wolken des Regens Flut
Aufs Stoppelfeld, die Stürme, die wechselnden
    Nicht immerdar durchbrausen sie die
        Kaspische See, die armensche Küste,

Freund Valgius, nicht starret sie Mond für Mond
Von Eises Last, es ringt mit dem wilden Nord
    Nicht stets Garganus' Eichenwald, nicht
        Immer entlaubt er das Haupt der Esche:

Tu semper urges flebilibus modis
Mysten ademptum nec tibi vespero   .   10
   Surgente decedunt amores
     Nec rapidum fugiente solem.

At non ter aevo functus amabilem
Ploravit omnes Antilochum senex
   Annos nec inpubem parentes   15
     Troilon aut Phrygiae sorores

Flevere semper. Desine mollium
Tandem querelarum et potius nova
   Cantemus Augusti tropaea
     Caesaris et rigidum Niphaten   20

Medumque flumen gentibus additum
Victis minores volvere vertices
   Intraque praescriptum Gelonos
     Exiguis equitare campis.

10

Rectius vives, Licini, neque altum
Semper urgendo neque, dum procellas
Cautus horrescis, nimium premendo
    Litus iniquum.

Auream quisquis mediocritatem   5
Diligit, tutus caret obsoleti
Sordibus tecti, caret invidenda
   Sobrius aula:

Saepius ventis agitatur ingens
Pinus et celsae graviore casu   10
Decidunt turres feriuntque summos
   Fulgara montes.

Nur du beweinst in ewgem Klagelied
Des Mystes Tod, dein sehnender Schmerz entweicht
   Nicht wenn des Abends Stern heraufsteigt,
      Nicht wenn er flieht vor der raschen Sonne.

Auch Nestor, der drei Menschengeschlechter sah,
Nicht ewig trug er Leid um Antilochus
   Den holden; Troilus, dem zarten,
      Weinten die Eltern, die phrygischen Schwestern

Nicht ewig nach: laß endlich die Klagen ruhn,
Unmännlich sind sie; besser wir stimmen nun
   Ein Lied an von Augustus' neuen
      Siegen und von des Niphates Gletschern,

Wie Medias Strom, dem Kreis der bezwungenen
Hinzugefügt, nun kleinere Wogen wälzt
   Und wie auf engumgrenzter Steppe
      Sich der gelonische Reiter tummelt.

DIE GOLDNE MITTE

Besser lebst du, wenn du, Licinius, weder
Hohe See stets hältst noch in banger Vorsicht
Vor dem Sturm zu nah zu dem trügerischen
   Strand dich herandrängst.

Wer da wählt die goldene Mitte, sicher
Bleibt er fern vom Schmutze der morschen Hütte,
Bleibt, genügsam, fern von mißgönntem Prunke
   Fürstlichen Schlosses:

Öfter schwankt vom Sturme gefaßt der mächtgen
Pinie Haupt, hochragende Türme stürzen
Schweren Falls zusammen, der Berge Gipfel
   Treffen die Blitze.

Sperat infestis, metuit secundis
Alteram sortem bene praeparatum
Pectus: informes hiemes reducit   15
    Iuppiter, idem

Submovet. Non, si male nunc, et olim
Sic erit; quondam neque semper arcum
Suscitat Musam neque semper arcum
    Tendit Apollo.   20

Rebus angustis animosus atque
Fortis appare: sapienter idem
Contrahes vento nimium secundo
    Turgida vela.

·   11

Quid bellicosus Cantaber et Scythes,
Hirpine Quinti, cogitet Hadria
    Divisus obiecto, remittas
        Quaerere nec trepides in usum

Poscentis aevi pauca: fugit retro   5
Levis iuventas et decor arida
    Pellente lascivos amores
        Canitie facilemque somnum.

Non semper idem floribus est honor
Vernis neque uno luna rubens nitet   10
    Vultu: quid aeternis minorem
        Consiliis animum fatigas?

Cur non sub alta vel platano vel hac
Pinu iacentes sic temere et rosa
    Canos odorati capillos,   15
        Dum licet, Assyriaque nardo

In dem Unglück hofft und im Glück besorgt wer
Weisen Sinn sich wahrt des Geschickes Wechsel:
Der herab den Winter, den wüsten, sendet,
    Juppiter nimmt ihn

Wieder; kommt heut Böses, so kommt es nicht auch
Morgen; weckt ja doch mit der Zither Klange
Oft Apoll die schlummernde Muse, spannt nicht
    Immer den Bogen.

In Bedrängnis zeige dich hohen Sinnes,
Festen Muts; doch ziehe die Segel wieder
Weislich ein, sobald sie zu sehr des Windes
    Günstiger Hauch schwellt.

WEG MIT DEN SORGEN

Was voll von Kampflust brüte der Cantaber,
Der Scythe, der durch Hadrias schützend Meer
    Getrennt von uns, mein Quintius, frage
        Nimmer und um den Bedarf des Lebens,

Das wenig fordert, ängste dich nicht: dahin
Flieht holder Jugend Schöne, des Alters Grau,
    Das dürre, scheucht hinweg der Liebe
        Loses Getändel und leichten Schlummer.

Nicht immer prangt die Blume in Lenzes Glanz,
Nicht immer zeigt sein strahlendes Bild der Mond:
    Warum den Geist, den sterblich schwachen,
        Quälen mit Plänen für Ewigkeiten?

Komm, laß uns sorglos unter der ragenden
Platane lagern, unter der Pinie hier,
    Und trinken, weil man darf, die grauen
        Locken mit Rosen bekränzt und duftend

Potamus uncti? Dissipat Euhius
Curas edaces. Quis puer ocius
   Restinguet ardentis Falerni
      Pocula praetereunte lympha?   20

Quis devium scortum eliciet domo
Lyden? Eburna, dic age, cum lyra
   Maturet, in comptum Lacaenae
      More comas religata nodum.

12

Nolis longa ferae bella Numantiae
Nec dirum Hannibalem nec Siculum mare
Poeno purpureum sanguine mollibus
   Aptari citharae modis

Nec saevos Lapithas et nimium mero   5
Hylaeum domitosque Herculea manu
Telluris iuvenes, unde periculum
   Fulgens contremuit domus

Saturni veteris: tuque pedestribus
Dices historiis proelia Caesaris,   10
Maecenas, melius ductaque per vias
   Regum colla minacium.

Me dulces dominae Musa Licymniae
Cantus, me voluit dicere lucidum
Fulgentes oculos et bene mutuis   15
   Fidum pectus amoribus;

Quam nec ferre pedem dedecuit choris
Nec certare ioco nec dare bracchia
Ludentem nitidis virginibus sacro
   Dianae celebris die.   20

Von syrischem Balsam! Nagende Sorgen, sie
Zerstreuet Bacchus. Welcher der Knaben kühlt
   Geschwind für uns dort am vorüber
     Eilenden Bach des Falerners Gluten?

Wer ruft das abwärts wohnende Mädchen her,
Die Lyde? Auf! das Haar in Lakonerart
   Nur schlicht geknüpft, soll sie mit ihrer
     Elfenen Lyra dir eilends folgen!

LICYMNIA

Fordre nicht, o Mäcen, nicht von dem sanften Hauch
Meiner Laute den Sang punischen Schlachtgewühls,
Nicht Numantias Sturz, nicht das Siculer Meer
   Rot von afrischem Blut gefärbt;

Nicht Lapithischen Sturm, nicht des Hyläus Rausch,
Nicht den Schrecken, die Angst, welche des Tellus Brut
In die heilige Burg Vater Saturns gejagt,
   Nicht, wie Herkules sie gestürzt.

Auch die Schlachten Augusts, Cäsars Triumpheszug,
Stolze Fürsten geknüpft stumm an des Wagens Saum,
Schilderst du, mein Mäcen, besser im ernsten Schritt
   Ungebundenen Redegangs.

Meine Laute ertönt nur von Licymnia;
Von dem Zauber des Blicks, ihres Gesanges Schmelz,
Ihrem Herzen, Mäcen, das in dem Vollgefühl
   Deiner Liebe sich selig weiß.

Ei, wie schwebte ihr Fuß reizend im Tanz dahin,
Huld umflog ihren Scherz, Anmut umfloß sie ganz,
Als den Arm sie von Schnee schlang in der Mädchen
   Jüngst am großen Dianafest.   [Kreis,

Num tu quae tenuit dives Achaemenes
Aut pinguis Phrygiae Mygdonias opes
Permutare velis crine Licymniae
    Plenas aut Arabum domos,

Cum flagrantia detorquet ad oscula   25
Cervicem aut facili saevitia negat
Quae poscente magis gaudeat eripi,
    Interdum rapere occupat?

13

Ille et nefasto te posuit die,
Quicumque primum et sacrilega manu
  Produxit, arbos, in nepotum
    Perniciem opprobriumque pagi;

Illum et parentis crediderim sui   5
Fregisse cervicem et penetralia
  Sparsisse nocturno cruore
    Hospitis; ille venena Colcha

Et quidquid usquam concipitur nefas
Tractavit, agro qui statuit meo   10
  Te, triste lignum, te, caducum
    In domini caput inmerentis.

Quid quisque vitet, nunquam homini satis
Cautum est in horas: navita Bosporum
  Poenus perhorrescit neque ultra   15
    Caeca timet aliunde fata,

Miles sagittas et celerem fugam
Parthi, catenas Parthus et Italum
  Robur; sed improvisa leti
    Vis rapuit rapietque gentes.   20

Sprich, und böte man dir Schätze des Perserreichs,
Was an Segen ersprießt auf der mygdonschen Flur,
Was Arabien birgt — gäbest du wohl dafür
    Eine Locke Licymnias,

Wenn zum brennenden Kuß hold sie den Nacken neigt,
Oder spröde zum Schein wieder den Kuß versagt,
Lieber rauben ihn läßt, als ihn gefordert gibt,
    Ja, noch lieber ihn selbst dir raubt?

D E R U N G L Ü C K S B A U M

Der hat am Unglückstage dich eingesetzt,
Wer's immer war, und dich mit verruchter Hand
    Herangepflegt, o Baum, den späten
        Enkeln zum Fluch und dem Dorf zur Schande;

Der hat, ich glaub's, dem eigenen Vater einst
Den Hals gedreht und hat mit des Gastes Blut
    In dunkler Nacht des Hauses heilige
        Schwelle besudelt, mit kolchisch Gift sich

Und jedem Greul, den irgend erdenkt ein Herz
Befaßt, der einst auf meinem Gefilde dich,
    Unselig Holz einpflanzte, seines
        Herren unschuldiges Haupt zu treffen!

Weiß doch der Mensch von Stunde zu Stunde nie,
Vor was entfliehn: da hebt vor dem Bosporus
    Der punsche Schiffsherr, fürchtet weiter
        Von dem Geschick, dem dunklen, nichts mehr,

Roms Krieger bebt vor Pfeilen und schneller Flucht
Des Parthers, der vor Ketten und Kerker Roms;
    Doch ahnungslos riß stets und reißt noch
        Völker dahin die Gewalt des Todes.

Quam paene furvae regna Proserpinae
Et iudicantem vidimus Aeacum
 Sedesque discretas piorum et
  Aeoliis fidibus querentem

Sappho puellis de popularibus   25
Et te sonantem plenius aureo,
 Alcaee, plectro dura navis,
  Dura fugae mala, dura belli.

Utrumque sacro digna silentio
Mirantur umbrae dicere; sed magis   30
 Pugnas et exactos tyrannos
  Densum umeris bibit aure vulgus.

Quid mirum, ubi illis carminibus stupens
Demittit atras belua centiceps
 Aures et intorti capillis   35
  Eumenidum recreantur angues?

Quin et Prometheus et Pelopis parens
Dulci laborem decipitur sono
 Nec curat Orion leones
  Aut timidos agitare lyncas.   40

14

Eheu fugaces, Postume, Postume,
Labuntur anni nec pietas moram
 Rugis et instanti senectae
  Afferet indomitaeque morti,

Non, si trecenis quotquot eunt dies, 5
Amice, places illacrimabilem
 Plutona tauris, qui ter amplum
  Geryonen Tityonque tristi

Wie nahe hab ich, düstre Proserpina,
Dein Reich geschaut und Aeakus' Richterstuhl,
   Den fernen Wohnsitz selger Geister,
      Wie zum äolischen Saitenspiele

Ob ihrer Heimat Freundinnen Sappho klagt
Und volleren Klangs mit goldenem Stabe du,
   Alcäus, singst des Meeres Schrecken,
      Schrecken der Flucht und des Kriegers Schrecken!

Wohl beider Lied ist heiliger Stille wert,
Es staunen rings die Schatten; doch gieriger
   Schlürft Schlachtengesang und Sturz der Zwingherrn
      Schulter an Schulter gedrängt die Menge.

Was Wunder, wenn von solchem Gesang gebannt
Das Tier mit hundert Köpfen die Ohren senkt,
   Die schwarzen, wenn die Nattern schwelgen,
      Die in der Furien Haar sich ringeln.

Ja selbst Prometheus, Pelops Erzeuger selbst
Vergißt der Qual beim Zaubergesange dort;
   Nichts will Orion mehr von seinen
      Jagden auf Löwen und scheue Luchse.

VERGÄNGLICHKEIT

Weh uns, im Flug, o Postumus, Postumus,
Eilt Jahr um Jahr, auch fromme Gesinnung wehrt
   Den Falten nicht und nicht des Alters
      Drang und dem Tode, dem allgewaltigen,

Nicht wenn du, Freund, so oft dir ein Tag erscheint,
Je dreimal hundert Stiere dem Pluto weihst,
   Ihm, der erbarmungslos den dreifach
      Riesigen Geryon und den Tityos

Conpescit unda, scilicet omnibus
Quicunque terrae munere vescimur   10
   Enaviganda, sive reges
     Sive inopes erimus coloni.

Frustra cruento marte carebimus
Fraccisque rauci fluctibus Hadriae,
   Frustra per autumnos nocentem   15
     Corporibus metuemus Austrum:

Visendus ater flumine languido
Cocytos errans et Danai genus
   Infame damnatusque longi
     Sisyphus Aeolides laboris;   20

Linquenda tellus et domus et placens
Uxor neque harem quas colis arborum
   Te praeter invisas cupressos
     Ulla brevem dominum sequetur.

Absumet heres Caecuba dignior   25
Servata centum clavibus et mero
   Tinguet pavimentum superbo,
     Pontificum potiore cenis.

15

Iam pauca aratro iugera regiae
Moles relinquent, undique latius
   Extenta visentur Lucrino
     Stagna lacu platanusque caelebs

Evincet ulmos; tum violaria et   5
Myrtus et omnis copia narium
   Spargent olivetis odorem
     Fertilibus domino priori,

Mit jenem Strom, dem grausen, umschlossen hält,
Da jeder, der sich nährt von der Erde Frucht,
    Hinüber muß, er mag ein König
       Oder ein ärmlicher Söldner heißen.

Du bleibst umsonst Mars' blutigem Spiele fern,
Dem Wogensturm der tosenden Hadria;
    Umsonst entfliehst du scheu des Südwinds
       Giftigem Hauch zur Zeit des Herbstes:

Schaun mußt du einst des schwarzen Cocytus Flut,
Die trägen Laufs hinschleichende, Danaus'
    Verrufne Brut und Aeols Sprößling
       Sisyphus, ewig verdammt zur Marter;

Fort von der Welt, vom Haus und dem trauten Weib
Mußt du dereinst, nach kurzem Besitze wird
    Der Bäume, die du pflegst, dir keiner
       Als die verhaßte Cypresse folgen;

Ein Klügrer leert dein Erbe, den Cäcuber,
Den du mit hundert Schlössern verwahrt, und färbt
    Des Holzes Flur mit stolzen Weinen,
       Wie sie des Pontifex Mahl nicht würzen.

ALTE UND NEUE ZEIT

Es läßt der Prachtbau fürstlicher Schlösser bald
Nichts mehr dem Pfluge. Überall breiten sich,
    Wie Seen groß, der Teiche Spiegel,
       Ulmen umrankt von dem Arm der Rebe,

    Verdrängt der stolze Platanus, unbeweibt.
    Bald hauchen Veilchen, Myrthen und bunter Flor
       Nur ihres Atems Duft, wo sonst der
          Segen gereift von der Frucht des Ölbaums;

Tum spissa ramis laurea fervidos
Excludet ictus. Non ita Romuli   10
    Praescriptum et intonsi Catonis
      Auspiciis veterumque norma.

Privatus illis census erat brevis,
Commune magnum: nulla decempedis
    Metata privatis opacam   15
      Porticus excipiebat arcton

Nec fortuitum spernere caespitem
Leges sinebant, oppida publico
    Sumptu iubentes et deorum
      Templa novo decorare saxo.   20

16

Otium divos rogat in patenti
Prensus Aegaeo, simul atra nubes
Condidit lunam neque certa fulgent
    Sidera nautis;

Otium bello furiosa Thrace,   5
Otium Medi pharetra decori,
Grosphe, non gemmis neque purpura ve-
    nale nec auro.

Non enim gazae neque consularis
Summovet lictor miseros tumultus   10
Mentis et curas laqueata circum
    Tecta volantes:

Vivitur parvo bene cui paternum
Splendet in mensa tenui salinum
Nec leves somnos timor aut cupido   15
    Sordidus aufert.

Und allem Lichtstrahl wehret des Lorbeers Dach!
So war es nicht der Wille des Romulus,
  So wollt es nicht der strenge Cato,
    Als er gekämpft für den Brauch der Väter.

Des Bürgers Eigen maß man vordem nur schmal,
Das Allgemeine groß, und noch stach man nicht
  Nach Ruten ab des Hauses Vorbau,
    Daß nur der Herr sich ergeh im Schatten.

Den kleinsten Rasen hielt man geehrt und hoch,
Vom Schatz des Staates ließ, so gebot der Spruch,
  Man Städte baun, und neu mit Marmor
    Schmücken Altar und das Haus der Götter.

WAHRES GLÜCK

Ruhe fleht vom Himmel der Sturmergriffne
Auf Aegaeer Wogen, wenn schwarz Gewölke
Rings den Mond umhüllt und kein sichrer Stern mehr
  Leuchtet dem Schiffer;

Ruhe fleht das schlachtenentbrannte Thrake,
Ruhe Medias Volk in dem Schmuck des Köchers,
Ruhe, Freund, um Perlen und Gold und Purpur
  Nicht zu erkaufen.

Keines Königs Schatz ja und keines Konsuls
Liktor scheucht das stürmische Weh des Herzens,
Scheucht hinweg die Sorgen, die rings des Prunksaals
  Decken umflattern:

Glücklich lebt mit wenigem, wem auf schlichtem
Tische blinkt das vaterererbte Salzfaß,
Wem den Schlaf, den leichten, nicht Angst entführt
  Schmutzige Habgier.   [noch

Quid brevi fortes iaculamur aevo
Multa? quid terras alio calentes
Sole mutamus? patriae quis exsul
    Se quoque fugit?   20

Scandit aeratas vitiosa navis
Cura nec turmas equitum relinquit
Ocior cervis et agente nimbos
    Ocior Euro.

Laetus in praesens animus quod ultra est 25
Oderit curare et amara lento
Temperet risu: nihil est ab omni
    Parte beatum:

Abstulit clarum cita mors Achillem,
Longa Tithonum minuit senectus   30
Et mihi forsan tibi quod negarit
    Porriget hora.

Te greges centum Siculaeque circum
Mugiunt vaccae, tibi tollit hinnitum
Apta quadrigis equa, te bis Afro   35
    Murice tinctae

Vestiunt lanae; mihi parva rura et
Spiritum Graiae tenuem Camenae
Parca non mendax dedit et malignum
    Spernere vulgus.   40

17

Cur me querelis exanimas tuis?
Nec dis amicum est nec mihi te prius
    Obire, Maecenas, mearum
        Grande decus columenque rerum.

O wir Eintagsmenschen, was wetten, wagen
Wir so viel? Was ziehn wir hinaus, wo fremde
Sonnen glühn? Entfliehst du von Hause scheidend
    Auch vor dir selber?

In das Schiff, das eherne, steigt die bange
Sorge, bleibt nicht hinter des Reiters Rosse,
Schneller als der Hirsch, als der Ost, der Wetter-
    Wolken daherjagt.

Frohen Sinns das Heute genießend laß das
Morgen sein und mildre ruhig lächelnd
Was dich schmerzt; vollkommen Beglückte gibt es
    Nirgends auf Erden:

Jäher Tod riß hin den Achill, den hohen,
An Tithonus zehrte des Alters Länge,
Und vielleicht wird mir, was sie dir versagt hat,
    Spenden die Stunde.

Hundertfach wohl tönt das Gebrüll sicilscher
Rinder um dich her, in den Reihn der Rennbahn
Wiehert dir die Stute, ein Kleid umwallt dich
    Doppelt getaucht in

Tyros Purpur; aber auch mein Geschick log
Nicht: ein Gütlein ward mir zu Teil und griechischen
Musengeists ein Hauch und die Kraft das schlechte
    Volk zu verachten.

GLEICHE STERNE

Was brichst du mir mit Klagen das Herz entzwei?
Nicht will ein Gott, nicht will ich es selbst, daß du,
    Mäcenas, von mir scheidest, meines
      Lebens erhabne Zier und Stütze!

A, te meae si partem animae rapit   5
Maturior vis, quid moror altera,
   Nec carus aeque nec superstes
     Integer? Ille dies utramque

Ducet ruinam. Non ego perfidum
Dixi sacramentum: ibimus, ibimus,   10
   Utcumque praecedes, supremum
     Carpere iter comites parati.

Me nec Chimaerae spiritus igneae
Nec si resurgat centimanus Gyas
   Divellet unquam: sic potenti   15
     Iustitiae placitumque Parcis.

Seu Libra seu me Scorpios adspicit
Formidolosus, pars violentior
   Natalis horae seu tyrannus
     Hesperiae Capricornus undae,   20

Utrumque nostrum incredibili modo
Consentit astrum: te Iovis impio
   Tutela Saturno refulgens
     Eripuit volucrisque Fati

Tardavit alas, cum populus frequens   25
Laetum theatris ter crepuit sonum;
   Me truncus inlapsus cerebro,
     Sustulerat, nisi Faunus ictum

Dextra levasset, Mercurialium
Custos virorum. Reddere victimas   30
   Aedemque votivam memento:
     Nos humilem feriemus agnam.

O meines Daseins Hälfte, entraffte dich
Ein früh Geschick, was zögr' ich, die andre, noch,
    Nicht gleichen Werts mehr, nur Getrümmer,
      Leb ich allein? O er trifft uns beide,

Der eine Tag. Das, was ich geschworen, ist
Kein eitler Schwur: ich folge, ich folge dir,
    Wo du vorangehst, auch die letzte
      Reise zu teilen mit dir entschlossen.

Nicht soll Chimäras flammender Hauch, es soll,
Erstünd er neu, nicht Gyas, der Hundertarm,
    Je trennen dich und mich, die Parce
      Will es, die mächtige Themis also.

Sei Wage, sei der furchtbare Skorpion
Das Zeichen, das die Stunde regiert, da ich
    Geboren ward, sei es der wilde.
      Herr der hesperischen Flut, der Steinbock —

Unglaublich stimmt dein Stern und der meinige
Zusammen: riß doch Juppiters Segensschein
    Dich aus Saturnus' Macht, des Schaden-
      Stifters und hemmte des raschen Schicksals

Beschwingten Flug, da als das gedrängte Volk
Dreimal im Schauspiel freudig dir zugejauchzt;
    Mich hätt ein Baum, mein Haupt zerschmetternd
      Niedergestreckt, doch der Arm des Faunus,

Er, der da schirmt die Lieblinge des Merkur,
Fing mir den Schlag auf. Denke der Opfer denn,
    Des Tempelbaus, den du gelobt: ich
      Schlachte dem Gott ein bescheidnes Milchlamm.

18

Non ebur neque aureum
  Mea renidet in domo lacunar,
Non trabes Hymettiae
  Premunt columnas ultima recisas

Africa neque Attali   5
  Ignotus heres regiam occupavi
Nec Laconicas mihi
  Trahunt honestae purpuras clientae.

At fides et ingeni
  Benigna vena est pauperemque dives   10
Me petit: nihil supra
  Deos lacesso nec potentem amicum

Largiora flagito,
  Satis beatus unicis Sabinis.
Truditur dies die   15
  Novaeque pergunt interire lunae:

Tu secanda marmora
  Locas sub ipsum funus et sepulcri
Inmemor struis domos
  Marisque Baiis obstrepentis urges   20

submovere litora,
  Parum locuples continente ripa.
Quid quod usque proximos
  Revellis agri terminos et ultra

Limites clientium   25
  Salis avarus? Pellitur paternos
In sinu ferens deos
  Et uxor et vir sordidosque natos.

ERWERBEN UND STERBEN

Nicht von Gold und Elfenbein
Erglänzt in meinem Haus des Zimmers Decke,
  Mir drückt Marmor nicht den Knauf
Von Säulen, fern in Afrika geschnitten;

  Königs Attalus Palast
Fiel mir nicht zu, dem unbekannten Erben;
  Spartas Purpur weben nicht
Für mich aus reicher Clientel die Frauen.

  Mir ward nur ein treuer Sinn
Und ein Ader Dichterblut: mich Armen,
  Sucht der Reiche auf, nichts mehr
Erfleh ich von den Göttern, dräng um mehr nicht

  Mächtge Gönner, reich beglückt,
Zufrieden im Besitz des Guts Sabinum.
  Tag um Tag verrinnt, und neu
Gehn Monde wechselnd hin um nie zu kehren.

  Ob der bleiche Tod schon winkt,
Läßt du noch Marmor brechen, baust noch Schlösser,
  Ungedenk der offnen Gruft,
Und quälst dich ab, den Strand hinauszurücken

  Dort, wo Bajäs Welle braust,
Dünkst dir nicht reich genug auf festem Lande.
  Immer weiter dehnest du
Von deinem Grund die Marken, springst voll Habsucht

  Über deiner Pächter Rain,
Es irren ausgestoßen Mann und Gattin,
  Nur der Götter Bild im Arm
Und ihre Brut im Schmutz der Trauerkleider.

Nulla certior tamen
 Rapacis Orci fine destinata   30
Aula divitem manet
 Erum. Quid ultra tendis? Aequa tellus

Pauperi recluditur
 Regumque pueris, nec satelles Orci
Callidum Promethea   35
 Revexit auro captus; hic sı perbum

Tantalum atque Tantali
 Genus coercet, hic levare functum
Pauperem laboribus
 Vocatus atque non vocatus audit. 40

19

Bacchum in remotis carmina rupibus
Vidi docentem, credite posteri,
 Nymphasque discentis et aures
  Capripedum Satyrorum acutas.

Euhoe, recenti mens trepidat metu, 5
Plenoque Bacchi pectore turbidum
 Laetatur. Euhoe, parce Liber,
  Parce gravi metuende thyrso.

Fas pervicaces est mihi Thyiadas
Vinique fontem lactis et uberes 10
 Cantare rivos atque truncis
  Lapsa cavis iterare mella;

Fas et beatae coniugis additum
Stellis honorem tectaque Penthei
 Disiecta non leni ruina 15
  Thracis et exitium Lycurgi.

Ach, und es erwartet doch
Kein Sitz so sicher auch den Herrn des Guts als
 Orkus unerbittlich Reich.
  Warum denn übers Grab hinaus die Mühen?

 Öffnet doch der Erde Schoß
Sich so dem Königssohne wie dem Armen!
 Selbst Prometheus bot umsonst
  Des Orkus' Fährmann Gold, ihn rückzufahren.

 Charon hält den Tantalus
Und Tantals stolzes Haus gebannt, und kommt,
 Gerufen oder nicht, des Lebens Last
  Dem Armen hilfreich abzunehmen.

THEOPHANIE

Nun sah ich Bacchus — glaubt es mir, Enkel, nur!
In Schluchten sah ich, wie er Gesänge lehrt,
 Sah Nymphen lernen, ziegenfüßig
  Spitzgen Ohrs das Geschlecht der Satyrn.

Evoe! Noch bebt vom plötzlichen Schreck das Herz,
Und voll des Gottes jauchzt es auch stürmisch auf,
 Evoe! Evoe! Sei gnädig Bacchus,
  Strafe mich nicht mit dem Schwung des Thyrsus.

Jetzt darf ich singen, wie die Thyade schwärmt,
Wie Wein aus Quellen, Milch in den Bächen strömt,
 Und wie in Fülle Honig träufelt
  Nieder vom Spalt der gehöhlten Bäume.

So laß mich auch der Gattin gestirntes Haupt,
Ariadnes Krone, singend verherrlichen,
 Mich singen, wie du Pentheus' Kerker
  Mächtig gesprengt, den Lykurg gestürzet.

Tu flectis amnes, tu mare barbarum,
Tu separatis uvidus in iugis
   Nodo coerces viperino
      Bistonidum sine fraude crines.   20

Tu, cum parentis regna per arduum
Cohors gigantum scanderet impia,
Rhoetum retorsisti leonis
      Unguibus horribilemque mala;

Quamquam choreis aptior et iocis   25
Ludoque dictus non sat idoneus
   Pugnae ferebaris, sed idem
      Pacis eras mediusque belli.

Te vidit insons Cerberus aureo
Cornu decorum leniter atterens   30
   Caudam et recedentis trilingui
      Ore pedes tetigitque crura.

20

Non usitata nec tenui ferar
Penna biformis per liquidum aethera
   Vates neque in terris morabor
      Longius invidiaque maior

Urbis relinquam. Non ego, pauperum   5
Sanguis parentum, non ego, quem vocas,
   Dilecte Maecenas, obibo
      Nec Stygia cohibebor unda.

Iam iam residunt cruribus asperae
Pelles et album mutor in alitem   10
   Superne nascunturque leves
      Per digitos umerosque plumae;

Dir weicht der Strom, dir weichet das Indermeer,
Du schlingst gefahrlos, schweifest du weinumkränzt
   Auf Thraciens Höhn, den Bistoniden
     Giftige Vipern um Haar und Schläfe.

Als in Empörung einst der Giganten Brut
Des Vaters Reich zu stürmen sich frech vermaß,
   Liehst du vom Löwen Zahn und Klaue,
     Schlugest zurück in die Nacht die Frevler.

Wie hielt man doch zu Scherz und zu Reigentanz,
Zum Spiel dich nur geschickt, aber nicht zum Streit,
   Allein wie in des Friedens Künsten,
     Zeigst du im Kampf, in der Schlacht dich Meister.

Ja, als du stiegst zum Orkus um Semele,
Kroch Plutos Wächter zahm vor dem goldnen Horn,
   Und seine Zunge, dreigespalten,
     Leckte dir sanft, als du schiedst, die Füße.

VERKLÄRUNG

Nicht schwachen Schwungs und nicht in gemeinem Flug
Schweb ich empor, ein Sänger in Zwiegestalt,
   Durchs lichte Blau, weil' länger nicht auf
     Erden und lasse die Städte liegen

Entrückt dem Neid; ich dürftiger Eltern Sohn,
Ich, den du dir, o teurer Mäcenas, selbst
   Erkorst zum Freund, nicht werd ich sterben,
     Nimmer umkerkert die stygische Flut mich.

Schon schon umzieht mir rauhere Haut den Fuß
Schon werd zum schneeweiß schimmernden Vogel ich
   Vom Haupt herab, ein glatt Gefieder
     Sprießt mir an Fingern empor und Schultern;

Iam Daedaleo notior Icaro
Visam gementis litora Bospori
   Syrtisque Gaetulas canorus   15
       Ales Hyperboreosque campos.

Me Colchus et qui dissimulat metum
Marsae cohortis Dacus et ultimi
   Noscent Geloni, me peritus
       Discet Hiber Rhodanique potor.   20

Absint inani funcre neniae
Luctusque turpes et querimoniae;
   Compesce clamorem ac sepulcri
       Mitte supervacuos honores.

Schon schau ich raschern Fluges als Ikarus
Fern auf des Bospors flutumseufzten Strand,
   Die Bucht Gätulias und des Nordens
     Fluren ein singender Schwan hernieder.

Mich kennen wird der Kolcher, der Dacier,
Der heimlich bebt vor marsischem Schwert, und fern
   Der Scythe, dem Iberer werd ich
     Kund und dem Trinker des Rhodanstromes.

Fort mit dem Grablied über der leeren Gruft
Und all dem Mißton jammernden Klaggesangs!
   Laß deinen Wehruf, laß die nutzlos
     Müßigen Ehren der Grabesfeier!

1

Odi profanum volgus et arceo.
Favete linguis: carmina non prius
   Audita Musarum sacerdos
      Virginibus puerisque canto.

Regum timendorum in proprios greges,   5
Reges in ipsos imperium est Iovis,
   Clari Giganteo triumpho,
      Cuncta supercilio moventis.

Est ut viro vir latius ordinet
Arbusta sulcis, hic generosior   10
   Descendat in campum petitor,
      Moribus hic meliorque fama

Contendat, illi turba clientium
Sit maior: aequa lege Necessitas
   Sortitur insignes et imos;   15
      Omne capax movet urna nomen.

Destrictus ensis cui super inpia
Cervice pendet, non Siculae dapes
   Dulcem elaborabunt saporem,
      Non avium citharaeque cantus   20

Somnum reducent: somnus agrestium
Lenis virorum non humilis domos
   Fastidit umbrosamque ripam,
      Non Zephyris agitata Tempe.

Desiderantem quod satis est neque   25
Tumultuosum sollicitat mare
   Nec saevus Arcturi cadentis
      Impentus aut orientis Haedi,

DAS GLÜCK DER GENÜGSAMKEIT

Ihr Unberufenen, weichet zurück und schweigt!
Der Musen Priester will ich der Jugend Roms,
   Des edlen Roms jetzt Lieder singen
      Wie sie zuvor noch ihr Ohr nicht hörte.

Wohl mancher König herrscht über Erdenvolk,
Doch Zeus im Himmel herrscht über Könige.
   Seit die Giganten er bezwungen,
      Lenkt er die Welt mit dem Wink der Braue.

Wirft auch das Leben ungleich des Menschen Los:
Der fühlt sich größer, weil er den schönern Park,
   Der edler sich von Blut und Ahnen,
      Dieser ist stolz auf Verdienst und Wandel.

Und jener pocht auf seiner Klienten Zahl:
Mit gleicher Wage wägt sie des Todes Hand,
   Und alle Namen, hoch und niedrig,
      Schüttelt die Urne, sie faßt sie alle.

Wem stets ein Angstschwert über dem Haupte schwebt,
Kein Göttermahl süßt dem seinen bittern Schmack
   Und seiner schuldbewußten Seele
      Leiht keine Zither, kein Sang den Schlaf mehr.

Der sanfte Schlummer, wie ihn der Landmann schläft,
Sucht gerne sich ein kleines und niedres Dach,
   Sucht gerne sich ein schattig Ufer,
      Zephyrdurchweht sich ein kühles Tempe.

Wer nimmer mehr denn was er bedarf, begehrt,
Den schreckt der Aufruhr tobender Wellen nicht,
   Des Sturmes Wut nicht, wenn Arkturus
      Nieder sich senkt und das Böcklein aufsteigt,

Non verberatae grandine vineae
Fundusque mendax, arbore nunc aquas   30
   Culpante, nunc torrentia agros
      Sidera, nunc hiemes iniquas.

Contracta pisces aequora sentiunt
Iactis in altum molibus: huc frequens
   Caementa demittit redemptor   35
      Cum famulis dominusque terrae

Fastidiosus. Sed timor et minae
Scandunt eodem, quo dominus, neque
   decedit aerata triremi et
      Post equitem sedet atra Cura.   40

Quodsi dolentem nec Phrygius lapis
Nec purpurarum sidere clarior
   Delenit usus nec Falerna
      Vitis Achaemeniumque costum:

Cur invidendis postibus et novo   45
Sublime ritu moliar atrium?
   Cur valle permutem Sabina
      Divitias operosiores?

2

Angustam amice pauperiem pati
Robustus acri militia puer
   Condiscat et Parthos feroces
      Vexet eques metuendus hasta

Vitamque sub divo et trepidis agat   5
In rebus; illum ex moenibus hosticis
   Matrona bellantis tyranni
      Prospiciens et adulta virgo

Kein Hagel, der die Reben zerschlägt, kein Feld,
Das ihn betrügt, wenn flutenden Regen bald
    Verklagt der Baum, bald ein die Fluren
        Sengend Gestirn und des Winters Strenge.

Schon wird dem Fisch durch riesigen Uferbau
Die Flut zu enge. Ekel am festen Land
    Verfolgt den Gutsherrn; mächtige Blöcke
        Senkt er ins Meer und es stehn geschäftig

Gesell und Meister. Doch wo der Fuß des Herrn,
Da schreitet mit ihm Schrecken und Furcht zugleich,
    Die schwarze Sorge steigt an Bord mit,
        Sitzet mit auf, auf des Pferdes Rücken.

Wenn denn das Herzweh phrygischer Marmor nicht,
Nicht Purpur bannet, schöner als Sternenglanz,
    Nicht des Falerners süße Rebe,
        Nimmer der Duft achämenischer Narden:

Warum mit Pompe, welcher nur Neid erweckt
Mit neuen Säulen prachtvoll die Halle baun?
    Warum für dieses Reichtums Mühe
        Tauschen mein Glück in dem Tal Sabinums?

MANNHAFTIGKEIT

Stählt eure Jugend früh schon im Dienst des Mars,
So daß sie freudig Mangel und Not erträgt,
    Laßt früh sie schon zu Pferde sitzen,
        Schwingen den Speer und die Parther jagen;

In Wind und Wetter lasset sie tummeln sich,
Sie tummeln sich in Fährlichkeit jeder Art;
    Wenn dann die junge Fürstenbraut in
        Feindes Gebiet von dem Wall herabschaut,

Suspiret: 'eheu, ne rudis agminum
Sponsus lacessat regius asperum   10
   Tactu leonem, quem cruenta
     Per medias rapit ira caedes.'

Dulce et decorum est pro patria mori:
Mors et fugacem persequitur virum,
   Nec parcit inbellis iuventae   15
     Poplitibus timidove tergo.

Virtus, repulsae nescia sordidae,
Intaminatis fulget honoribus
   Nec sumit aut ponit secures
     Arbitrio popularis aurae.   20

Virtus, recludens inmeritis mori
Caelum, negata tentat iter via
   Coetusque vulgares et udam
     Spernit humum fugiente penna.

Est et fideli tuta silentio   25
Merces: vetabo, qui Cereris sacrum
   Volgarit arcanae, sub isdem
     Sit trabibus fragilemque mecum

Solvat phaselon; saepe Diespiter
Neglectus incesto addidit integrum,   30
   Raro antecedentem scelestum
     Deseruit pede Poena claudo.

3

Iustum et tenacem propositi virum
Non civium ardor prava iubentium,
   Non vultus instantis tyranni
     Mente quatit solida neque Auster,

Dann mag sie seufzen: „Wehe, o reiz mir nicht,
Mein Königs-Bräutgam, Neuling im Kampfe noch,
   Den grimmen Löwen, den die Mordlust
     Mitten hinein ins Gewühl dahinreißt."

Ja, süß und schön ist's, sterben fürs Vaterland.
Die Hand des Todes fasset den Flüchtgen auch,
   Erbarmt sich nicht der scheuen Jugend,
     Schont nicht die Knie, nicht die feigen Rücken.

Wer ganz ein Mann ist, wirbt auch nicht auf Gefahr,
Daß man ihn abweist: fleckenrein, silberhell
   Strahlt seine Ehre. Nicht nach Volksgunst
     Nimmt er und gibt er zurück die Beile.

Wer ganz ein Mann ist, geht seine Bahn für sich,
Schließt sich den Himmel durch seine Taten auf,
   Und schaut mit Blicken der Verachtung,
     Steigt er empor, auf den Erddunst nieder.

Es folgt ihr Lohn auch frommer Verschwiegenheit:
Nie duld ich, daß, wer Ceres' geheimen Dienst
   Enthüllte, ein Dach mit mir teilet
     Oder mit mir ein gebrechlich Fahrzeug

Vom Strande löst; oft rafft ja der Gott des Lichts,
Mißachtet, samt dem Frevler den Frommen hin,
   Und selten wohl bleibt lahmen Fußes
     Hinter dem Sünder zurück die Strafe.

ROMS BESTIMMUNG

Dem Mann des Rechts, der fest am Entschlusse hält
Macht nicht des Unrecht fordernden Volkes Wut
   Nicht eines Zwingherrn drohend Antlitz
     Wanken den stetigen Mut, der Süd nicht

Dux inquieti turbidus Hadriae,   5
Nec fulminantis magna manus Iovis:
    Si fractus inlabatur orbis,
      Impavidum ferient ruinae.

Hac arte Pollux et vagus Hercules
Enisus arces attigit igneas,   10
    Quos inter Augustus recumbens
      Purpureo bibet ore nectar;

Hac te merentem, Bacche pater, tuae
Vexere tigres indocili iugum
    Collo trahentes, hac Quirinus   15
      Martis equis Acheronta fugit,

Gratum elocuta consiliantibus
Iunone divis: 'Ilion, Ilion
    Fatalis incestusque iudex
      Et mulier peregrina vertit   20

In pulverem, ex quo destituit deos
Mercede pacta Laomedon, mihi
    Castaeque damnatum Minervae
      Cum populo et duce fraudulento.

Iam nec Lacaenae splendet adulterae   25
Famosus hospes nec Priami domus
    Periura pugnacis Achivos
      Hectoreis opibus refringit

Nostrisque ductum seditionibus
Bellum resedit: protinus et gravis   30
    Iras et invisum nepotem,
      Troica quem peperit sacerdos,

Marti redonabo; illum ego lucidas
Inire sedes, ducere nectaris
    Sucos et adscribi quietis   35
      Ordinibus patiar deorum.

Der wilde Herr der stürmischen Hadria,
Nicht Jovis Blitzstrahl schleudernder starker **Arm,**
   Und wenn der Weltbau krachend einstürzt,
      Treffen die Trümmer noch einen Helden.

So stieg der weltdurchschweifende Hercules,
So Pollux auf zum flammenden Himmelszelt:
   Augustus ruht in ihrer Mitte
      Nektar mit purpurner Lippe schlürfend.

So warst auch du, o Bacchus, gewürdigt, daß
Dein Tigerpaar mit sträubigem Nacken dich
   Von hinnen zog; so floh mit Mavors'
      Rossen den Acheron einst Quirinus,

Als Juno dort im Rate der Himmlischen
Das holde Wort sprach: ,,Ilios, Ilios
   Hat jenes unheilvollen Buhlen
      Richtender Spruch und das Weib des Auslands

In Staub gelegt: seit um bedungenen Lohn
Laomedon die Götter betrogen, ward
   Die Stadt samt Volk und Lügenfürst von
      Mir und Minerva geweiht dem Fluche.

Nun prangt nicht mehr der spartischen Buhlerin
Verrufner Gast, nun trotzet des Priamus
   Meineidig Haus nicht mehr durch Hektors
      Mächtigen Arm den Achiverhelden;

Den unsre Zwietracht länger gedehnt, der Krieg
Hat ausgetobt: so will ich vom schweren Groll,
   Vom Enkel, den ich haßte, den die
      Troische Priestrin gebar, hinwegsehn

Dem Mars zuliebe: er gehe zum Strahlensitz
Dem hehren ein, er schlürfe den Nektarsaft,
   Er sei, ich duld es gern, dem selgen
      Chore der Götter hinzugezählet!

Dum longus inter saeviat Ilion
Romamque pontus, qualibet exsules
   In parte regnanto beati;
      Dum Priami Paridisque busto   40

Insultet armentum et catulos ferae
Celent inultae, stet Capitolium
   Fulgens triumphatisque possit
      Roma ferox dare iura Medis.

Horrenda late nomen in ultimas   45
Extendat oras, qua medius liquor
   Secernit Europen ab Afro,
      Qua tumidus rigat arva Nilus,

Aurum irrepertum et sic melius situm,
Cum terra celat, spernere fortior   50
   Quam cogere humanos in usus
      Omne sacrum rapiente dextra.

Quicumque mundo terminus obstitit,
Hunc tangat armis, visere gestiens,
   Qua parte debacchentur ignes,   55
      Qua nebulae pluviique rores.

Sed bellicosis fata Quiritibus
Hac lege dico, ne nimium pii
   Rebusque fidentes avitae
      Tecta velint reparare Troiae.   60

Troiae renascens alite lugubri
Fortuna tristi clade iterabitur
   Ducente victrices catervas
      Coniuge me Iovis et sorore.

Ter si resurgat murus aeneus   65
Auctore Phoebo, ter pereat meis
   Excisus Argivis, ter uxor
      Capta virum puerosque ploret.

Wenn zwischen Rom und Ilios nur das Meer
Das weite braust, dann mögen die Fremdlinge
   In Glück und Macht wo immer herrschen;
      Wenn nur auf Priamus', Paris' Gräbern

Die Herde springt und sicher die junge Brut
Dort birgt das Wild, mag ragen das Kapitol
   In ewgem Glanz und Rom das sieges-
      Stolze den Medern Gesetze schreiben.

Ein Schrecken weithin breit es den Namen aus
Zum fernsten Erdrand, dort wo der Ozean
   Europa trennt vom Afrer, dort wo
      Schwellend der Nil die Gefilde tränket,

Wofern es Gold, das besser im Erdenschoß
Verborgen daliegt, mutig verschmäht und nicht
   Zu niedrem Brauch aufhäutet, alles
      Heilge mit gierger Hand entweihend.

Zu jedem Markstein, welcher die Welt begrenzt,
Da trag es hin die Waffen, die Länder all
   Zu schaun begehrend, wo der Sonne
      Gluten, wo Nebel und Regen wüten.

Dies, ich verkünd es, sei des Quiritenvolks,
Des tapfern, Los, wenn nimmer es allzufromm
   Und selbstvertrauend seiner Ahnstadt
      Troja gesunkene Zinnen aufbaut.

Steht Troja neu auf wider der Vögel Flug,
Dann wird sich auch sein kläglicher Fall erneun:
   Zum Siege führ ich selbst die Scharen,
      Ich die Gemahlin und Schwester Jovis.

Stieg dreimal auch die eherne Mauer auf
Durch Phöbus' Machtwort: dreimal zertrümmre mein
   Argivervolk sie, dreimal klag um
      Kinder und Mann die gefangne Gattin!"

Non hoc iocosae conveniet lyrae:
Quo, Musa, tendis? desine pervicax   70
   Referre sermones deorum et
      Magna modis tenuare parvis.

4

Descende caelo et dic age tibia
Regina longum Calliope melos,
   Seu voce nunc mavis acuta
      Seu fidibus citharave Phoebi.

Auditis! an me ludit amabilis   5
Insania? audire et videor pios
   Errare per lucos, amoenae
      Quos et aquae subeunt et aurae.

Me fabulosae Vulture in Apulo
Nutricis extra limen Apuliae   10
   Ludo fatigatumque somno
      Fronde nova puerum palumbes

Texere, mirum quod foret omnibus
Quicumque celsae nidum Acherontiae
   Saltusque Bantinos et arvum   15
      Pingue tenent humilis Forenti,

Ut tuto ab atris corpore viperis
Dormirem et ursis, ut premerer sacra
   Lauroque conlataque myrto
      Non sine dis animosus infans.   20

Vester, Camenae, vester in arduos
Tollor Sabinos, seu mihi frigidum
   Praeneste seu Tibur supinum
      Seu liquidae placuere Baiae.

Doch solcher Sang ziemt scherzender Leier nicht:
Was, Muse, wagst du? laß das vermessne Spiel
    Und schweige von der Götter Reden,
        Schwäche nicht Hohes in niedern Tönen!

MASS UND KRAFT

O steig herab vom Himmel, Kalliope,
Heb an ein Lied, ein langes, o Königin,
    Seis Flötenklang, seis helle Stimme
        Oder die Saite der Phöbusleier.

Horch! oder täuscht mich süße Bezauberung?
Ich höre sie, ich schweife, so däucht es mir,
    In heilgem Hain umher von wonngen
        Quellen durchrauscht und von wonngen Lüften.

Dort auf des Vultur Höhn, des Apulerbergs,
Jenseits der Heimat Marken, bedeckten einst
    Mich Knaben müd von Spiel und Schlummer
        Tauben des Waldes, die sagenreichen,

Mit jungem Laub, — ein Wunder für alle traun,
Die Acherontia's ragende Felsenburg
    Und Bantia's Waldhöhn und die fetten
        Auen des niedern Forent bewohnen, —

Daß weder Bär noch giftige Natternbrut
Den, der im Schlaf lag, letz, daß Myrtenlaub
    Und heilger Lorbeer mich umhüllte,
        Götterbeschützt ein beherztes Knäblein.

Ja euch gehör ich, Musen, erklimmt mein Fuß
Sabinums Berghöhn oder das luftige
    Präneste, Tiburs sanften Abhang
        Oder das quellenbespülte Bajä.

Vestris amicum fontibus et choris   25
Non me Philippis versa acies retro,
    Devota non extinxit arbor
        Nec Sicula Palinurus unda.

Utcumque mecum vos eritis, libens
Insanientem navita Bosporum   30
    Tentabo et urentes harenas
        Litoris Assyrii viator,

Visam Britannos hospitibus feros
Et laetum equino sanguine Concanum,
    Visam pharetratos Gelonos   35
        Et Scythicum inviolatus amnem.

Vos Caesarem altum, militia simul
Fessas cohortes abdidit oppidis,
    Finire quaerentem labores
        Pierio recreatis antro.   40

Vos lene consilium et datis et dato
Gaudetis, almae: scimus, ut inpios
    Titanas immanemque turmam
        Fulmine sustulerit caduco

Qui terram inertem, qui mare temperat   45
Ventosum et urbis regnaque tristia
    Divosque mortalisque turbas
        Imperio regit unus aequo.

Magnum illa terrorem intulerat Iovi
Fidens iuventus horrida bracchiis   50
    Fratresque tendentes opaco
        Pelion imposuisse Olympom:

Sed quid Typhoeus et validus Mimas
Aut quid minaci Porphyrion statu,
    Quid Rhoetus evolsisque truncis   55
        Enceladus iaculator audax

Euch, eurem Reihntanz, euren Gewässern hold,
Bin ich der Schlachtreihn Flucht auf Philippi's Feld
    Bin jenem Unglücksbaum und bin den
        Wogen am Fels Palinur's entronnen.

Geleitet ihr mich, will ich getrosten Muts
Die Fahrt bestehn durch Bosporus' wilde Flut
    Und wandern durch die brennend heißen
        Wüsten entlang dem Assyrerstrande,

Will schaun der fremdlingmordenden Briten Land
Und die da Roßblut schlürfen, die Concaner,
    Schaun sonder Furcht den Strom der Scythen
        Und den Gelonen im Schmuck des Köchers.

Ihr lasset Cäsar, wenn er, der Herrliche,
Das müde Kriegsvolk birgt in der Städte Schoß
    Und schwerer Mühsal Ende suchet,
        In der prierischen Grotte ruhen.

Ihr seids, die Weisheit schenken und milden Sinn
Und freut euch dess, ihr Holden: doch frevelnder
    Titanen Schwarm, den rohen, stürzte
        Nieder, wir wissens, mit jähem Blitzstrahl

Er, der des Erdballs Feste, der Meer und Sturm
Gebietet, der da Städte und Totenreich
    Und Götter gleichwie Staubgeborne
        Lenket allein mit gerechten Szepter.

Wohl schreckte sie einst mächtig den Juppiter,
Die grause Schar, dreist pochend auf Armeskraft,
    Das Brüderpaar, das rang den Pelion
        Hoch auf den schattgen Olymp zu türmen:

Was kann Thyphoeus aber und Mimas Kraft
Und was Porphyrions drohender Schritt und was
    Ein Rhötus und Enceladus, der
        Kühn die entwurzelten Bäume schleudert,

Contra sonantem Palladis aegida
Possent ruentes? Hinc avidus stetit
   Volcanus, hinc matrona Iuno et
      Numquam umeris positurus arcum   60

Qui rore puro Castaliae lavit
Crinis solutos, qui Lyciae tenet
   Dumeta natalemque silvam
      Delius et Patareus Apollo.

Vis consili expers mole ruit sua,   65
Vim temperatam di quoque provehunt
   In maius; idem odere viris
      Omne nefas animo moventes.

Testis mearum centimanus Gyas
Sententiarum; notus et integrae   70
   Tentator Orion Dianae
      Virginea domitus sagitta;

Iniecta monstris Terra dolet suis
Maeretque partus fulmine luridum
   Missos ad Orcum: nec peredit   75
      Impositam celer ignis Aetnan;

Incontir entis nec Tityi iecur
Reliquit ales, nequitiae additus
   Custos; amatorem trecentae
      Pirithoum cohibent catenae.   80

5

Caelo tonantem credidimus Iovem
Regnare: praesens divus habebitur
   Augustus adiectis Britannis
      Imperio gravibusque Persis.

Was kann ihr Sturmlauf wider den tönenden
Heerschild der Pallas? Brennend vor Kampfbegier
    Stand hier Vulcan, dort Mutter Juno
        Und um die Schulter gelegt den Bogen

Er, der im lautern Taue Kastalia's
Sein wallend Haar netzt, Lyciens Waldgebüsch
    Und seiner Heimat Hain bewohnet,
        Delos' und Patara's Herr, Apollo.

Kraft ohne Weisheit stürzt durch die eigne Wucht,
Kraft, welche Maß hält, heben die Götter selbst
    Noch höher, denn sie hassen Kräfte,
        Die das Unmögliche selber wollen.

Es zeugt der hundertarmige Gyas mir
Für meinen Ausspruch; kund ist Orions Los,
    Den einst der Jungfrau Pfeil getroffen,
        Weil er zu Artemis hob das Auge;

Es härmt sich Gäa schwer um die Riesenbrut,
Die sie bedeckt, die Söhne vom Blitz entsandt
    Zum fahlen Orkus: nie verzehret
        Flammendes Feuer des Ätna Decke,

Von Tityos', des lüsternen, Leber weicht
Der Geier nicht, der schnödem Gelüst gesetzt
    Zum Wächter, und dreihundert Ketten
        Halten Pirithous fest den Buhler.

REGULUS

Hoch im Olymp — sein Donner verkündet ihn —
Thront Juppiter: auf Erden ein Gott erscheint
    Augustus uns, wenn er die Briten
        Fügt zu dem Reich und den grimmen Perser.

Milesne Crassi coniuge barbara   5
Turpis maritus vixit et hostium —
　　Pro curia inversique mores! —
　　　　Consenuit socerorum in armis

Sub rege Medo Marsis et Apulus,
Anciliorum et nominis et togae   10
　　Oblitus aeternaeque Vestae,
　　　　Incolumi Iove et urbe Roma?

Hoc caverat mens provida Reguli
Dissentientis condicionibus
　　Foedis et exemplo trahenti   15
　　　　Perniciem veniens in aevum,

Si non periret immiserabilis
Captiva pubes. 'Signa ego Punicis
　　Adfixa delubris et arma
　　　　Militibus sine caede' dixit   20

'Derepta vidi; vidi ego civium
Retorta tergo bracchia libero
　　Portasque non clausas et arva
　　　　Marte coli populata nostro.

Auro repensus scilicet acrior   25
Miles redibit. Flagitio additis
　　Damnum: neque amissoss colores
　　　　Lana refert medicata fuco

Nec vera virtus, cum semel excidit,
Curat reponi deterioribus.   30
　　Si pugnat extricata densis
　　　　Cerva plagis, erit ille fortis

Qui perfidis se credidit hostibus
Et Marte Poenos proteret altero,
　　Qui lora restrictis lacertis   35
　　　　Sensit iners timuitque mortem.

Wie? Crassus' Kriegsmann eines Barbarenweibs
Schmachvoller Ehmann, medischer Fürsten Knecht, —
    Senat und Volk von Rom, wie sankt ihr! —
        In der verschwägerten Feinde Heerdienst

Ergraute dort der Marser, der Apuler,
Des heilgen Schilds, des Namens, des Togaschmucks
    Vergessend und der ewgen Vesta,
        Da noch die Stadt und das Kapitol stand?

Das wars, wovor des Regulus Sehergeist
Voreinst gewarnt hat, als er von hinnen wies
    Den schnöden Antrag und ein Beispiel
        Noch für die kommende Zeit verderblich,

Wenn schonungslos nicht jener Gefangnen Schar
Dem Tod verfiel. „An punischer Tempel Wand" —
    So sprach er —" sah ich Roma's Adler,
        Waffen den Unsrigen sonder Schwertstreich

Geraubt; gefesselt sah ich der Bürger Arm
Am Rücken, dem einst freien, die Tore weit
    Geöffnet, sah die Felder bauen
        Welche verwüstet das Schwert der Unsern.

Um Gold gelöst — so wird ja wohl mutiger
Der Krieger heimziehn! Ha, zu der Schande fügt
    Ihr Schaden! Nie mehr prangt die Wolle,
        Ist sie gefärbt, im verlornen Schimmer;

So echter Mut auch: einmal entschwunden kehrt
Er nimmermehr in Herzen der Feigen ein.
    Ja wenn entschlüpft dem Garn der Hirsch sich
        Stellt zu dem Kampfe, so wird ein Kriegsheld

Der werden, der sich tükischem Feind ergab,
In zweiter Schlacht der schlagen den Punier,
    Der Riemen feig am rückgebundnen
        Arme gefühlt und den Tod gescheut hat.

Hic, unde vitam sumeret inscius,
Pacem duello miscuit. O pudor!
   O magna Carthago, probrosis
      Altior Italiae ruinis.'   40

Fertur pudicae coniugis osculum
Parvosque natos ut capitis minor
   Ab se removisse et virilem
      Torvus humi posuisse vultum,

Donec labantes consilio patres   45
Firmaret auctor numquam alias dato
   Interque maerentis amicos
      Egregius properaret exsul.

Atqui sciebat, quae sibi barbarus
Tortor pararet: non aliter tamen   50
   Dimovit obstantes propinquos
      Et populum reditus morantem

Quam sie clientum longa negotia
Diiudicata lite relinqueret
   Tendens Venafranos in agros   55
      Aut Lacedaemonium Tarentum.

6

Delicta maiorum inmeritus lues,
Romane, donec templa refeceris
   Aedesque labentes deorum et
      Foeda nigro simulacra fumo.

Dis te minorem quod geris, imperas: 5
Hinc omne principium huc refer exitum!
   Di multa neglecti dederunt
      Hesperiae mala luctuosae.

Nicht wissend, wie das Leben gewonnen wird,
Hat er statt Krieg sich Frieden gewählt. O Schmach!
    O wie so hoch, Karthago, steigst du
        Über Italia's tiefem Falle."

Man sagt, er wies der keuschen Gemahlin Kuß,
Die zarten Kindlein, wie ein Geächteter,
    Von sich hinweg und senkte finster
        Nieder den männlichen Blick zur Erde,

Bis er bekehrt der schwankenden Väter Sinn
Durch einen Rat, wie keiner zuvor ihn gab,
    Und nun vom Kreis trostloser Freunde
        Schied, ein Verwiesener ohne Gleichen.

Wohl wußt er, was für Marter im fremden Land
Sein harre: gleichwohl brach er sich freie Bahn,
    Ob rings ihn auch umdrängt der Seinen
        Schar und das hemmende Volk, so heiter,

Als eilt er jetzt, im Rücken das lästige
Gerichtsgeschäft und glücklich geschlichtete
    Prozesse nach Venafrums Fluren,
        Oder Tarent, der Lakonerpflanzstadt.

SITTENVERFALL

O Römer, schuldlos zahlst du der Väter Schuld,
Solange du die Tempel der Götter nicht
    Erneust, die einsturzdrohenden, und die
        Bilder entstellt von des Rauches Schwärze.

Dein ist, so du den Göttern dich beugst, das Reich:
Das Erste laß sie, laß sie das Letzte sein!
    Die Leiden all, den Jammer brachte
        Götterversäumnis Hesperia's Lande.

Iam bis Monaeses et Pacori manus
Inauspicatos contudit impetus
  Nostros et adiecisse praedam
    Torquibus exiguis renidet;

Paene occupatam seditionibus
Delevit Vrbem Dacus et Aethiops,
  Hic classe formidatus, ille
    Missilibus melior sagittis.

Fecunda culpae saecula nuptias
Primum inquinavere et genus et domos:
  Hoc fonte derivata clades
    In patriam populumque fluxit.

Motus doceri gaudet Ionicos
Matura virgo et fingitur artibus
  Iam nunc et incestos amores
    De tenero meditatur ungui.

Mox iuniores quaerit adulteros   25
Inter mariti vina neque eligit
  Cui donet inpermissa raptim
    Gaudia luminibus remotis,

Sed iussa coram non sine conscio
Surgit marito, seu vocat institor   30
  Seu navis Hispanae magister,
    Dedecorum pretiosus emptor.

Non his iuventus orta parentibus
Infecit aequor sanguine Punico
  Pyrrhumque et ingentem cecidit   35
    Antiochum Hannibalemque dirum.

Sed rusticorum mascula militum
Proles, Sabellis docta ligonibus
  Versare glaebas et severae
    Matris ad arbitrium recisos   40

Schon schlug uns zweimal nieder Monäses' Schar
Und Pakor's, da wir ohne des Himmels Rat
    Gewagt den Kampf, zum schlechten Halsschmuck
       Fügten sie lachend die reiche Beute;

Fast hat die Stadt vom Kampf der Partein erfüllt
Zu Fall gebracht der Daker und Aethiop,
    Durch seine Schiffsmacht der ein Schrecken,
       Jener ein Meister im Wurf des Pfeiles.

An Sünden reich hat unsere Zeit zuerst
Den Ehebund und Haus und Geschlecht befleckt:
    Aus diesem Urquell floß des Unheils
       Strom auf das Land und das Volk der Römer.

Begierig übt in jonischen Tänzen sich
Kaum reif die Jungfrau, Künste der Buhlerei
    Lernt sie schon jetzt, auf Liebeshändel
       Sinnt sie vom zartesten Kindesalter;

Dann beim Gelag im Hause des Eheherrn,
Da sucht sie frech sich jüngere Buhlen aus
    Und wählt nicht lang, wem sie geschwind im
       Dunkeln verbotene Freuden schenke,

Nein offen, selbst mit Wissen des Mannes, steht
Sie auf und folgt, seis, daß ihr ein Krämer ruft,
    Es sei ein Schiffsherr aus Hispanien,
       Der ihr die Schande mit schwerem Gold zahlt.

Von solchen Eltern stammte die Jugend nicht,
Die einst das Meer mit punischem Blut gefärbt,
    Die Pyrrhus und Antiochus, den
       Großen, und Hannibal schlug, den argen:

Nein starker Nachwuchs streitbarer Bauern war's,
Der wohlgeübt mit schwerem Sabellerkarst
    Die Scholle umbrach und auf strenger
       Mutter Geheiß das gefällte Scheitholz

Portare fustes, sol ubi montium
Mutaret umbras et iuga demeret
   Bobus fatigatis amicum
      Tempus agens abeunte curru.

Damnosa quid non inminuit dies?   45
Aetas parentum, peior avis, tulit
   Nos nequiores, mox daturos
      Progeniem vitiosiorem.

7

Quid fles, Asterie, quem tibi, candidi
Primo restituent vere Favonii
   Thyna merce beatum,
      Constantis iuvenem fidei

Gygen? Ille Notis actus ad Oricum   5
Post insana Caprae sidera frigifdas
   Noctes non sine multis
      Insomnis lacrimis agit.

Atqui sollicitae nuntius hospitae,
Suspirare Chloen et miseram tuis   10
   Dicens ignibus uri,
      Tentat mille vafer modis;

Ut Proetum mulier perfida credulum
Falsis impulerit criminibus nimis
   Casto Bellerophonti   15
      Maturare necem refert;

Narrat paene datum Pelea Tartaro,
Magnessam Hippolyten dum fugit abstinens,
   Et peccare docentes
      Fallax historias monet.   20

Nach Hause trug, wenn länger und länger schon
Die Sonne zog die Schatten der Berge und
    Den müden Stier vom Joche löste,
        Bringend im Scheiden die traute Stunde.

O Fluch der Zeit, wie sinken wir Tag um Tag!
Von Vätern, selbst schon schlechter als einst der Ahn,
    Sind wir entstammt, um, wieder schlimmer,
        Ein noch verderbtres Geschlecht zu zeugen.

TRÖSTUNG AN ASTERIE

Sag, was weinst du um ihn, den mit dem nahenden
Lenz, Asterie, die heiterer Weste Hauch
    Reich an thynischen Gütern
        Heimführt, deinen ergebenen

Gyges? Sieh, ihn verschlug hinter des Ziegensterns
Grimm herrasend der Süd ferne gen Orikums
    Strand, dort bringt er in Tränen
        Schlaflos frostige Nächte hin.

Und doch schildert ihm oft seiner begehrlichen
Wirtin Bote, wie sehr einerlei Glut mit dir
    Chloe quäle, versucht ihn
        Tausendfältig mit schlauer Kunst;

Stellt den Prötus ihm vor, welcher das gläubige
Ohr des tückischen Weibs falschem Gerede lieh
    Und zu morden gedachte
        Den zu keuschen Bellerophon;

Sagt, wie nahe dem Tod Peleus gestanden, weil
Er Hippolyta keusch floh, die Magneserin,
    Und so bringt der Verführer
        Treubruchlehrende Märchen vor.

Frustra: nam scopulis surdior Icari
Voces audit adhuc integer. At tibi
　　Ne vicinus Enipeus
　　　　Plus iusto placeat cave,

Quamvis non alius flectere equum sciens　　25
Aeque conspicitur gramine Martio,
　　Nec quisquam citus aeque
　　　　Tusco denatat alveo.

Prima nocte domum claude neque in vias
　　Sub cantu querulae despice tibiae　　30
　　Et te saepe vocanti
　　　　Duram difficilis mane.

8

　　Martiis caelebs quid agam kalendis,
　　Qvid velint flores et acerra turis
　　Plena miraris positusque carbo in
　　　　Caespite vivo,

　　Docte sermones utriusque linguae?　　5
　　Voveram dulces epulas et album
　　Libero caprum prope funeratus
　　　　Arboris ictu.

　　Hic dies anno redeunte festus
　　Corticem adstrictvm pice dimovebit　　10
　　Amphorae fumum bibere institutae
　　　　Consule Tullo.

　　Sume, Maecenas, cyathos amici
　　Sospitis centum et vigiles lucernas
　　Perfer in lucem: procul omnis esto　　15
　　　　Clamor et ira.

Fruchtlos: tauber noch als Ikaros' Felsgeklipp
Hört ers an und er ist heute noch unverführt.
    Daß nur Nachbar Enipeus
      Dir nicht selber zu gut gefällt,

Ob auch keiner in Mars' Felde sich blicken läßt,
Der so kundig wie er Rosse zu tummeln weiß,
    Und kein andrer den Tusker-
      Strom so rüstig hinunterschwimmt!

Wenns zu dämmern beginnt, schließe das Haus und
                       schau
Nicht durchs Fenster, wenn sanft tönend die Flöte
    Seis auch, daß er dich „hart" schilt,   [klagt!
      Laß ihn schelten und bleibe fest!

JAHRESTAG DER ERRETTUNG

Wirst dich wundern, Freund, du gelehrter Kenner
Allen Festgebrauchs, was dem Junggesellen
Blumen sollen — heut, an des März Kalenden,
    Was der Altar soll,

Frisch von Rasen, was das gefüllte Rauchfaß?
Nun, ein süßes Mahl und ein weißes Böckchen
Lobt ich Bacchus an, als des Baumes Schlag mich
    Fast in die Gruft warf.

Heute kehrt der Tag; und so soll mir heute
Auch der Kork vom Krug, dem verpichten, springen,
Der in Rauch nun schon seit dem Jahr des Tullus
    Satt sich getrunken.

Leere heut, Mäcen, auf das Wohl des Freundes
Hundert Maß! Verweile beim Schein der Lampe
Bis zum Morgenstrahl im Gekose trauter,
    Friedlicher Stille.

Mitte civilis super Vrbe curas:
Occidit Daci Cotisonis agmen,
Medus infestus sibi luctuosis
    Dissidet armis,   20

Servit Hispanae vetus hostis orae
Cantaber, sera domitus catena,
Iam Scythae laxo meditantur arcu
    Cedere campis.

Neglegens, ne qua populus laboret,   25
Parce privatus nimium cavere;
Dona praesentis cape laetus horae,
    Linque severa.

9

'Donec gratus eram tibi
  Nec quisquam potior bracchia candidae
Cervici iuvenis dabat,
  Persarum vigui rege beatior.'

'Donec non alia magis
  Arsisti neque erat Lydia post Chloen,   5
Multi Lydia nominis,
  Romana vigui clarior Ilia.'

'Me nunc Thraessa Chloe regit,
  Dulces docta modos et citharae sciens,   10
Pro qua non metuam mori,
  Si parcent animae fata superstiti.'

'Me torret face mutua
  Thurini Calais filius Ornyti,
Pro quo bis patiar mori,   15
  Si parcent puero fata superstiti.'

Laß einmal den Staat und des Staates Wohlfahrt,
Tot ist ja der Fürst und das Heer der Daker,
Und der Meder kehrt seinen Stahl in Zwietracht
    Gegen sich selber.

Endlich fühlt ja auch an Iberiens Küsten
Romas Feind das Joch, das zu lang entbehrte,
Und der Scythe weicht mit erschlafftem Bogen
    Mählich vom Felde.

Denke nicht an das, was dem Volke Not tut,
Sei heut ganz du selbst und genieß die Gunst des
Augenblicks mit Lust, und, Mäcen, laß alle
    Sorgen dahin sein!

ALTE LIEBE

Horaz: Damals, als du noch gern mich sahst,
    Keiner trauter als ich zärtlich die Arme dir
Um den strahlenden Nacken wand:
    Fühlt ich seliger mich, Lydia, als Persiens Fürst.

Lydia: Damals, als ich allein dir lieb,
    Du vor Lydia nicht Chloen den Vorzug gabst,
Lydias Name so viel noch galt:
    Fühlt ich höher geehrt, Flaccus, als Ilia mich.

Horaz: Ja, jetzt fesselt mich Chloe ganz;
    Lieblich ist ihr Gesang, reizend ihr Lautenspiel.
Gerne litt ich den Tod für sie,
    Wenn das Schicksal dafür Chloen das Leben ließ.

Lydia: Mich bezaubert jetzt Calaïs,
    Wechselseitige Glut hält uns in süßem Bann;
Doppelt litt ich den Tod für ihn,
    Wenn das Schicksal dafür Calaïs leben ließ.

'quid si prisca redit Venus
  Diductosque iugo cogit aeneo?
Si flava excutitur Chloe
  Reiectaeque patet ianua Lydiae?'   20

Quamquam sidere pulchrior
  Ille est, tu levior cortice et improbo
Iracundior Hadria:
  Tecum vivere amem, tecum obeam lubens.'

10

Extremum Tanain si biberes, Lyce,
Saevo nupta viro, me tamen asperas
Porrectum ante fores obicere incolis
      Plorares Aquilonibus.

Audis, quo strepitu ianua, quo nemus   5
Inter pulchra satum tecta remugiat
Ventis et positas ut glaciet nives
      Puro numine Iuppiter?

Ingratam Veneri pone superbiam,
Ne currente retro funis eat rota: 10
Non te Penelopen difficilem procis
      Tyrrhenus genuit parens.

O quamvis neque te munera nec preces
Nec tinctus viola pallor amantium
Nec vir Pieria paelice saucius   15
      Curvat, supplicibus tuis

Parcas, nec rigida mollior aesculo
Nec Mauris animum mitior anguibus:
Non hoc semper erit liminis aut aquae
      Caelestis patiens latus.   20

Horaz; Doch wenn sanft die Getrennten nun
    Alter Liebe Gewalt wieder zusammenschlingt
Wie, wenn Chloe, die blonde, schied,
    Und dann wieder die Tür Lydien offen stünd?

Lydia: Er beschämet᾽der Sterne Glanz,
    Du bist leichter als Kork, wilder noch als das Meer,
Das an Hadrias Klippen schäumt:
    Dennoch — lieber mit dir lebend und tot mit dir.

STÄNDCHEN

Und wenn, Lyce, du wärst eines Barbaren Weib,
Tränkst vom äußersten Don, wahrlich, dir gings ans
Mich so liegen zu sehn vor der verschlossnen Tür, [Herz,
    So umbraust von dem eisigen Nord!

Hörst du nicht, wie das Tor bang in der Angel stöhnt,
Wie das Wäldchen im Hof deines Palastes heult,
Wie es stürmt und der Schnee, welcher die Erde deckt,
    Friert und knirscht bei dem klaren Zeus?

Sei nicht spröde! Es liebt Venus die Spröden nicht.
Spann zu straff nicht das Seil, leicht schnellt zurück
Bist tyrrhenisches Blut, keine Penelope,   [das Rad.
    Die ohn Ende die Freier quält.

Wenn denn Flehn und Geschenk, nichts mir Erhörung
Nicht die Wange vor Harm wie die Levkoje blaß schafft,
Noch ein Gatte, der selbst heimlich zur Buhle schleicht:
    Ach! so öffne aus Mitleid nur!

Sieh, ich kniee vor dir! Doch du bist taub wie Stein,
Hast ein Herz in der Brust, kälter als Natternbrut!
Immer werd ich nicht so hier an der Schwelle stehn,
    So geduldig bei Schnee und Eis.

11

Mercuri, nam te docilis magistro
Movit Amphion lapides canendo,
Tuque testudo resonare septem
  Callida nervis,

Nec loquax olim neque grata, nunc et   5
Divitum mensis et amica templis,
Dic modos, Lyde quibus obstinatas
  Adplicet aures,

Quae velut latis equa trima campis
Ludit exsultim metuitque tangi,   10
Nuptiarum expers et adhuc protervo
  Cruda marito.

Tu potes tigres comitesque silvas
Ducere et rivos celeres morari;
Cessit immanis tibi blandienti   15
  Ianitor aulae,

Cerberus, quamvis furiale centum
Muniant angues caput eius atque
Spiritus taeter saniesque manet
  Ore trilingui.   20

Quin et Ixion Tityosque vultu
Risit invito, stetit urna paulum
Sicca, dum grato Danai puellas
  Carmine mulces.

Audiat Lyde scelus atque notas   25
Virginum poenas et inane lymphae
Dolium fundo pereuntis imo
  Seraque fata,

Quae manent culpas etiam sub Orco.
Inpiae nam — quid potuere maius? —   30
Impiae sponsos potuere duro
  Perdere ferro.

DIE DANAIDEN

Steh, Merkur! mir bei! Hat ja doch Amphion
Einst von dir gelernt, wie man Steine rühret;
Und auch du, entlockst deinen Saiten ja so
    Holde Akkorde,

Teure Schale, stumm und verschmäht bis heute,
Jetzt begehrt beim Mahl und geliebt in Tempeln,
Klinge mir ein Lied, so bezaubernd süß, daß
    Lyde ihr Ohr neigt.

Hüpft sie doch umher, wie auf grünen Au'n,
Ein junges Füllen, scheut die Berührung ängstlich,
Weiß noch nichts von Frein und verschmäht noch
    Jede Bewerbung.   [spröde

Aber du, du zwangst mit dem süßen Sange
Tier und Wälder, hemmst, wo du willst, die Ströme
Deinem Schmeicheln wich an dem Tor des Styx der
    Hüter des Pluto,

Zischt ihm gleich ums Haupt, um das hundertfache,
Ewig wache Brut der verhaßten Vipern
Quillt ein Gifthauch ihm und ein schwarzer Geifer
    Ewig vom Rachen.

Sonnenschein umflog der Titanen Antlitz,
Leer und stille stand eine kurze Weile
Auch der Jungfrau Krug, als ihr Ohr vernahm
    Die seligen Töne.

Hör es, Lyde, denn, welche Todessünde
So belastet hielt diese Danaiden,
Anzufülln ein Faß, dem das Naß am Boden
    Ewig entströmet;

Welche Schuld es ist, die im Orkus fortlebt.
Lieblos — hör es nur — auf das Höchste lieblos,
Schlug ihr blutger Stahl, o erschaudre! nachts
    Die eignen Verlobten!

Una de multis face nuptiali
Digna periurum fuit in parentem
Splendide mendax et in omne virgo   35
    Nobilis aevum,

'Surge' quae dixit iuveni marito,
'Surge, ne longus tibi somnus unde
Non times detur; socerum et scelestas
    Falle sorores,   40

Quae velut nactae vitulos leaenae
Singulos eheu lacerant: ego illis
Mollior nec te feriam neque intra
    Claustra tenebo.

Me pater saevis oneret catenis,   45
Quod viro clemens misero peperci,
Me vel extremos Numidarum in agros
    Classe releget:

I pedes quo te rapiunt et aurae,
Dum favet nox et Venus, i secundo   50
Omine et nostri memorem sepulcro
    Scalpe querelam.'

12

    Miserarum est neque amori
    Dare ludum neque dulci
   Mala vino lavere aut exanimari
Metuentes patruae verbera linguae.

    Tibi qualum Cythereae   5
    Puer ales, tibi telas
Operosaeque Minervae studium aufert,
    Neobule, Liparaei nitor Hebri,

Eine nur blieb treu ihrer Hochzeitsfackel,
Brach mit Heldenmut den vom falschen Vater
Abgedrungnen Schwur, daß ihr Name nun
    Auf ewig erglänzet.

„Auf, erwache!" raunt sie dem jungen Gatten,
„Auf, daß nicht ein ewiger Schlaf dir werde,
Wo dus nimmer ahnst. Ach! dem Schreckenshause
    Such zu entfliehen.

Jede Schwester würgt ihren Mann im Schlafe,
Wie die Löwin würgt in der Nacht die Rinder.
Weicher ist mein Herz: ach! ich kann dich nimmer
    Töten noch halten.

Tragen will ich gern meines Vaters Ketten,
Weil ich Mitleid fühlte mit dir, du Armer.
Gern, wenn er mir flucht, durch entfernte Meere
    Wandern ins Elend.

Flieh, wohin dein Fuß und die Luft dich tragen,
Noch leiht Venus dir und die Nacht den Schleier.
Fahre wohl und ritz meinem Grabstein einst
    Ein Wort des Gedenkens!"

IM KÄFIG

    O wie elend ist ein Mägdlein
    Das dem Amor sich entziehn muß
Und das Herzleid mit dem Wein sich nicht hinwegspült
Und in Angst stirbt vor dem Scheltwort eines Oheims!

    An dem Nähkorb, an dem Webstuhl
    Bei der Arbeit der Minerva
  Überfällt, o Neobule, dich das Schelmkind
Cythereas, dich das Glanzbild, ach, des Hebrus,

Horaz 10

Simul unctos Tiberinis
Umeros lavit in undis, 10
Eques ipso melior Bellerophonte,
Neque pugno neque segni pede victus;

Catus idem per apertum
Fugientis agitato
Grege cervos iaculari et celer arto 15
Latitantem fruticeto excipere aprum.

13

O fons Bandusiae splendidior vitro,
Dulci digne mero non sine floribus,
Cras donaberis haedo,
Cui frons turgida cornibus

Primis et venerem et proelia destinat. 5

Frustra, nam gelidos inficiet tibi
Rubro sanguine rivos
Lascivi suboles gregis.

Te flagrantis atrox hora Caniculae
Nescit tangere, tu frigus amabile 10
Fessis vomere tauris
Praebes et pecori vago.

Fies nobilium tu quoque fontium
Me dicente cavis impositam ilicem
Saxis, unde loquaces 15
Lymphae desiliunt tuae.

14

Herculis ritu modo dictus, o plebs,
Morte venalem petiisse laurum
Caesar Hispana repetit penates
Victor ab ora.

Wenn die Schultern er gesalbt hat
Und hinabtaucht in den Tibris
Er, zu Roß Bellerophontes überragend,
In dem Faustkampf, in dem Wettlauf unbezwingbar.

Und wie schleudert er den Wurfspeer
Nach dem Hirschtrupp, der im Blachfeld
Vor ihm herstürmt, wie behend weiß er das Wildschwein
Zu empfahn, das in dem Dickicht sich versteckt hat!

AN DIE QUELLE BANDUSIA

O Bandusias Quell, glänzender als Kristall,
Wert des süßesten Weins, festlicher Blumen wert,
    Morgen fällt dir ein Böcklein,
        Das der keimende Schmuck der Stirn

Schon zu Kämpfen bestimmt, Kämpfen und Liebes-
                                    glück.
Ach, das ist nun umsonst! Denn mit dem warmen Blut
    Färbt der muntre Geselle
        Bald dir purpurn dein kaltes Bett.

Machtlos bricht sich an dir Sirius' glühendster Strahl,
Reichst dem lechzenden Stier, wenn er vom   Pfluge
    Reichst der schweifenden Herde   kehrt,
        Ewig kühl deine Labung zu.

Balde wirst nun auch du, traun, ein berühmter Quell,
Da mein Lied dich besingt, dich und den Busch am Fels,
    Wo dein silberner Sprudel
        Aus dem Spalt so geschwätzig springt.

DES AUGUSTUS HEIMKEHR

Den wir jüngst in Hercules' Geist nach Lorbeern
Ringen sahn, auf deren Gewinn der Tod steht,
Cäsar kehrt, o Volk, vom hispanischen Strand ein
    Sieger nach Hause.

Unico gaudens mulier marito   5
Prodeat iustis operata sacris
Et soror clari ducis et decorae
      supplice vitta

Virginum matres iuvenumque nuper
sospitum: vos, o pueri et puellae   10
Haud virum expertae, male ominatis
      Parcite verbis.

Hic dies vere mihi festus atras
Eximet curas: ego nec tumultum
Nec mori per vim metuam tenente   15
      Caesare terras.

I pete unguentum, puer, et coronas
Et cadum Marsi memorem duelli,
Spartacum siqua potuit vagantem
      Fallere testa.   20

Dic et argutae properet Neaerae
Murreum nodo cohibere crinem;
Si per invisum mora ianitorem
      Fiet, abito.

Lenit albescens animos capillus   25
Litium et rixae cupidos protervae;
Non ego hoc ferrem calidus iuventa
      Consule Planco.

15

Vxor pauperis Ibyci,
Tandem nequitiae fige modum tuae
      Famosisque laboribus;
Maturo propior desine funeri

Des Gemahls, des einzgen, sich freuend bringe
Nun die Gattin dar nach Gebühr die Opfer,
Auch des Feldherrn Schwester, des hohen, und in
    Flehender Binde

Schmuck der Jungfraun Mütter und all der Söhne,
Die gesund heimkehren: ihr Knaben und ihr
Mädchen, noch unkundig des Manns, o meidet
    Jegliches Mißwort!

Dieser wahrhaft festliche Tag verscheuche
Mir den Gram, den düstern, hinfort befürcht ich
Weder Krieg noch Tod durch Gewalt, es lenkt ja
    Cäsar den Erdkreis.

Knabe, geh, bring Salben herbei und Kränze,
Einen Krug auch, der noch den Marserkrieg sah,
Falls ein Faß bei Spartacus' wildem Streifzug
    Glücklich davon kam.

Sag es auch der Sängerin, der Neära,
Daß sie rasch das duftende Haar sich binde;
Schafft Verzug dir dort der verhaßte Pförtner,
    Gehe nur weiter!

Dämpft mir doch mein bleichendes Haar den Mut, der
Einst an Streit sich freute und kecken Händeln;
Nicht ertrug ich das in der Jugend Glut zu
    Zeiten des Plancus.

AN EINE ALTE KOKETTE

    Weib des bettelnden Ibykus
Gib doch endlich einmal deine Begehrlichkeit,
    Dein anrüchig Gewerbe auf!
Halb im Grabe bereits bleibe doch ferne wo

Inter ludere virgines 5
Et stellis nebulam spargere candidis.
Non, si quid Pholoen satis
Et te, Chlori, decet: filia rectius

Expugnat iuvenum domos,
Pulso Thyias uti concita tympano. 10
Illam cogit amor Nothi
Lascivae similem ludere capreae:

Te lanae prope nobilem
Tonsae Luceriam, non citharae decent
Nec flos purpureus rosae 15
Nec poti, vetulam, faece tenus cadi.

16

Inclusam Danaen turris aenea
Robustaeque fores et vigilum canum
Tristes excubiae munierant satis
    Nocturnis ab adulteris,

Si non Acrisium virginis abditae 5
Custodem pavidum Iuppiter et Venus
Risissent: fore enim tutum iter et patens
    Converso in pretium deo.

Aurum per medios ire satellites
Et perrumpere amat saxa potentius 10
Ictu fulmineo: concidit auguris
    Argivi domus ob lucrum

Demersa exitio; diffidit urbium
Portas vir Macedo et subruit aemulos
Reges muneribus; munera navium 15
    Saevos inlaqueant duces.

Jungfraun scherzen und trübe nicht
Durch dein Nebelgewölk schimmernder Sterne Glanz!
Was für Pholoe vollauf paßt,
Paßt nicht, Chloris, für dich: Häuser der Jünglinge

Mag wie eine Bacchantin wild,
Wenn die Cymbel sie ruft, stürmen das Töchterlein.
Sie treibt Liebe zu Nothus, wenn
Sie mutwilligem Reh ähnlich vorüberhüpft;

Dir kommt — Wolle zu spinnen zu,
Die Luceria schor, nicht der Guitarre Klang,
Nicht der purpurnen Rose Flor,
Nicht, du Alte, der Trunk bis zu des Fasses Grund.

DER WAHRE REICHTUM

Wohl war Danae dort hinter des ehernen
Zwingturms starkem Verschluß unter der schaurigen
Hut der Hunde, der stets wachen, vor nächtlicher
   Buhlschaft sicher genug verwahrt,

Venus aber und Zeus lachten Akrisius'
Sorgsam ängstlicher Wacht über die einsame
Jungfrau: sicher und leicht, dachten sie, wird die Bahn,
   Naht in Goldesgestalt der Gott.

Gold geht mitten hindurch durch der Trabanten Reihn
Felsenmauern durchbricht Gold noch gewaltiger
Als der flammende Blitz: hin ins Verderben warf
   Goldgier einst des argivischen

Augurs ganzes Geschlecht; der mazedonische
Mann hat Tore gesprengt, eifernde Könige
Warf er nieder mit Geld; Geldesgewinn umstrickt
   Manch wildherzigen Flottenherrn.

Crescentem sequitur cura pecuniam
Maiorumque fames: iure perhorrui
Late conspicuum tollere verticem,
      Maecenas, equitum decus.   20

Quanto quisque sibi plura negaverit,
Ab dis plura feret: nil cupientium
Nudus castra peto et transfuga divitum
      Partis linquere gestio,

Contemptae dominus splendidior rei,   25
quam si quidquid arat impiger Apulus
Occultare meis dicerer horreis,
      Magnas inter opes inops.

Purae rivus aquae silvaque iugerum
Paucorum et segetis certa fides meae   30
Fulgentem imperio fertilis Africae
      Fallit sorte beatior.

Quamquam nec Calabrae mella ferunt apes
Nec Laestrygonia Bacchus in amphora
Languescit mihi nec pinguia Gallicis   35
      Crescunt vellera pascuis:

Importuna tamen pauperies abest
Nec, si plura velim, du dare deneges.
Contracto melius parva cupidine
      Vectigalia porrigam   40

Quam si Mygdoniis regnum Alyattei
Campis continuem: multa petentibus
Desunt multa; bene est cui deus obtulit
      Parca quod satis est manu.

Mit dem wachsenden Schatz wachsen die Sorgen auch
Und der Hunger nach mehr: wohl, daß mich schauderte
Weithin sichtbaren Haupts höher zu heben mich,
    Mein Mäcenas, der Ritter Stolz!

Gibt doch jedem, je mehr er sich versagt, der Gott
Um so mehr: o mit nichts such ich das Lager, da
Man nichts weiter begehrt, stehle frohlockend mich
    Aus dem Bunde der Reichen weg,

Wohl ein größerer Herr eines verachteten
Guts, als rühmte man, ich berge, was je im Schweiß
Ganz Apulien pflügt unter der Scheunen Dach,
    Reich an Schätzen ein armer Mann.

Mein klar strömender Bach, wenige Morgen Wald
Und mein immer mir treu lohnendes Saatgefild
Sind ein seliger Los, als es der Reiche kennt,
    Der mit Afrikas Fluren prangt.

Zwar kein Calaberschwarm sammelt mir Honig ein,
Nicht reift Bacchus' Geschenk im Lästrygonenkrug
Mir entgegen und auf Galliens Triften wächst
    Mir kein üppiges Lämmervliess:

Doch fern bleibet von mir drückender Mangel, und
Wünscht' ich weiter, ich weiß, daß du es nicht versagst.
Doch ich zähme die Gier und der bescheidne Zins
    Mehrt so würdiger sich, als wenn

Ich Mygdoniens Flur zum alyattischen
Reich mir fügte: dem Mann, welcher so viel begehrt
Fehlt auch vieles; beglückt, wem mit bemessender
    Hand, was nötig, ein Gott verlieh!

17

Aeli vetusto nobilis ab Lamo —
Quando et priores hinc Lamias ferunt
   Denominatos et nepotum
      Per memores genus omne fastos,

Auctore ab illo ducis originem,   5
Qui Forminarum moenia dicitur
   Princeps et innantem Maricae
      Litoribus tenuisse Lirim,

Late tyrannus — cras foliis nemus
Multis et alga litus inutili   10
   Demissa tempestas ab Euro
      Sternet, aquae nisi fallit augur

Annosa cornix: dum potes, aridum
Compone lignum; cras genium mero
   Curabis et porco bimestri   15
      Cum famulis operum solutis.

18

Faune, Nympharum fugientum amator,
Per meos finis et aprica rura
Lenis incedas abeasque parvis
      Aequus alumnis,

Si tener pleno cadit haedus anno,   5
Larga nec desunt Veneris sodali
Vina craterae, vetus ara multo
      Fumat odore.

Ludit herboso pecus omne campo,
Cum tibi nonae redeunt Decembres,   10
Festus in pratis vacat otioso
      Cum bove pagus,

BEI SCHLECHTEM HERBSTWETTER
AN AELIUS LAMIA

Vom alten Lamus stammender edler Freund —
Wasmaßen ja laut Chronik die Lamia
 Von alters her bis zu der Enkel
  Spätem Geschlechte nach ihm benamst sind,

So schreibst gewiß auch du von dem Mann dich her
Der, wie man sagt, die Mauern von Formiä
 Mitsamt dem Liris, der Maricas
  Ufer bespült, ein gewaltger König,

Zuerst beherrscht hat — morgen bedeckt ein Sturm
Von Ost gesandt mit Laube den Wald und mit
 Gemeinem Schilf den Strand, wofern die
  Regenprophetin, die alte Krähe,

Nicht lügt: wohlan denn sorge, solange es Zeit,
Für trocken Holz und labe dann morgen dich
 Mit Wein und mit zweimonataltem
  Ferkel und feire mit deinen Leuten!

AM FAUNUSFEST

Der du gern um flüchtige Nymphen buhlest,
Faunus, huldvoll wandle durch meiner Feldmark
Sonnge Flur und scheide von meinen jungen
  Pfleglingen gnädig!

Fällt dir doch alljährlich ein zartes Böcklein,
Aus dem Venusfreunde, dem Becher, strömt dir
Weins genug, vom alten Altare wirbelt
  Reichlicher Duft auf.

Lustig springt auf grasiger Au die Herde,
Nun sich neu dein fünfter December nahet,
Auf der Flur ruht feiernd das Dorf und müßig
  Weidet der Pflugstier.

Inter audaces lupus errat agnos,
Spargit agrestes tibi silva frondes,
Gaudet invisam pepulisse fossor   15
    Ter pede terram.

19

Quantum distet ab Inacho
    Codrus pro patria non timidus mori
Narras et genus Aeaci
    Et pugnata sacro bella sub Ilio:

Quo Chium pretio cadum   5
    Mercemur, quis aquam temperet ignibus,
Quo praebente domum et quota
    Paelignis caream frigoribus, taces.

Da lunae propere novae,
    Da noctis mediae, da, puer, auguris   10
Murenae: tribus aut novem
    Miscentur cyathis pocula commodis.

Qui Musas amat impares,
    Ternos ter cyathos attonitus petet
Vates; tres prohibet supra   15
    Rixarum metuens tangere Gratia

Nudis iuncta sororibus.
    Insanire iuvat: cur Berecyntiae
Cessant flamina tibiae?
    Cur pendet tacita fistula cum lyra?   20

Parcentes ego dexteras
    Odi: sparge rosas, audiat invidus
Dementem strepitum Lycus
    Et vicina seni non habilis Lyco.

Kecken Muts geht neben dem Wolf das Lamm her,
Niederstreut sein ländliches Laub der Wald dir
Und im Dreitakt stampft den verhaßten Erdgrund
   Jauchzend der Winzer.

W I L D E S G E L A G E

Ja, du bist ein gelehrtes Haus!
   Kennst die Jahre genau seit dem Beginn der Welt,
Bis sich Codrus dem Tod geweiht,
   Weißt von Aeakus' Stamm, weißt vom trojanischen
                                 Krieg.
Doch wie teuer die Flasche Chiers,
   Oder wo vor dem Mahl warm man ein Bad uns stellt,
Wer sein gastliches Haus erschließt,
   Uns den Winter verscheucht, davon ist stumm dein
                                 Mund.
Schenke! Frisch, auf den Neumond Wein!
   Wein der Mitte der Nacht, auch unserm Augur Wein!
Dann die Becher umher gefüllt!
   Jedem, wie er es wünscht, drei oder neun Maß voll!

Wer die Neunzahl der Musen liebt,
   Schlürf Begeisterung sich, neunfach gefüllt den
Doch wer Zwist bei dem Trunke scheut,   [Kelch,
   Lasse es weise bei drein, drei ist die keusche Zahl

Der entschleierten Grazien.
   O, zu rasen ist süß! Ei, warum klingt noch nicht
Der berezynthischen Tibia Ton?
   Was hängt stumm an der Wand Leyer und Flöte
                                noch?
Mag nicht müßige Hände sehn!
   Rosen streuet umher! Füll unser Jubel nur
Unsers Nachbaren Herz mit Neid
   Und die Nachbarin auch — Schade, zu jung für ihn!

Spissa te nitidum coma,
    Puro te similem, Telephe, Vespero   25
Tempestiva petit Rhode;
    Me lentus Glycerae torret amor meae.

20

Non vides, quanto moveas periclo,
Pyrrhe, Gaetulae catulos leaenae?
Dura post paulo fugies inaudax
    Proelia raptor.

Cum per obstantes iuvenum catervas   5
Ibit insignem repetens Nearchum:
Grande certamen, tibi praeda cedat,
    Maior an illa.

Interim, dum tu celeres sagittas
Promis, haec dentes acuit timendos,   10
Arbiter pugnae posuisse nudo
    Sub pede palmam

Fertur et leni recreare vento
Sparsum odoratis umerum capillis,
Qualis aut Nireus fuit aut aquosa   15
    Raptus ab Ida.

21

O nata mecum consule Manlio,
Seu tu querelas sive geris iocos
    Seu rixam et insanos amores
        Seu facilem, pia testa, somnum,

Quocumque lectum nomine Massicum   5
Servas, moveri digna bono die,
    Descende Corvino iubente
        Promere languidiora vina.

Sieh, mein Telephus, Lockenhaupt,
　Dir, der schöner erstrahlt, reiner als Hesperus,
Lodert Rhode in heller Glut!
　Mich läßt leise verglühn Glyceras kühles Herz.

N E A R C H U S

Weißt du, Pyrrhus, welche Gefahr dir droht, wenn
Ihre Brut du nimmst der gätulschen Löwin?
Räuber, bald, nach grimmigem Kampfe, räumst du
　　Zitternd den Wahlplatz.

Wenn sie keck durchbrechend die Jünglingsscharen
Ihren Liebling sich, den Nearch, herausholt —
Welch ein Kampf, ob du den erstrebten Preis, ob
　　Sie ihn davonträgt!

Doch indes du nach den beschwingten Pfeilen
Greifst und sie die grimmigen Zähnen wetzet,
Hat des Wettstreits Richter, so sagt man, auf die
　　Palme den nackten

Fuß gesetzt und kühlt sich die Schulter, die sein
Duftig Haar umflattert, in lindem Lufthauch,
Schön wie Nireus war und der einst vom quellgen
　　Ida Geraubte.

A N D E N W E I N K R U G

Der du mit mir aus Manlius' Tagen stammtest,
Ob süßen Harm, ob Scherze du bergen magst,
　Ob Streiteslust und Liebeswut, ob
　　Willigen Schlummer, du treuer Weinkrug,

Von welchem Geist der Massiker sei, den du
Verwahrst, des Anbruchs würdig am guten Tag,
　O komm herab: Corvin gebietet
　　Mildere Weine hervorzuholen.

Non ille, quamquam Socraticis madet
Sermonibus, te neglegit horridus: 10
   Narratur et prisci Catonis
     Saepe mero caluisse virtus.

Tu lene lormentum ingenio admoves
Plerumque duro; tu sapientium
   Curas et arcanum iocoso   15
     Consilium retegis Lyaeo;

Tu spem reducis mentibus anxiis
Virisque et addis cornua pauperi
   Post te neque iratos trementi
     Regum apices neque militum arma.   20

Te Liber et si laeta aderit Venus
Segnesque nodum solvere Gratiae
   Vivaeque producent lucernae,
     Dum rediens fugat astra Phoebus.

22

Montium custos nemorumque, virgo,
quae laborantes utero puellas
Ter vocata audis adimisque leto,
   Diva triformis,

Imminens villae tua pinus esto,   5
Quam per exactos ego laetus annos
Verris obliqum meditantis ictum
   Sanguine donem.

23

Caelo supinas si tuleris manus
Nascente luna, rustica Phidyle,
   Si ture placaris et horna
     Fruge Laris avidaque porca:

Trieft auch sein Mund von Sprüchen des Sokrates,
Nicht wird er drum dich finsteren Ernsts verschmähn:
    Auch Vater Cato ward, so heißt es,
      Bei dem Pokale nicht selten wärmer.

Du weckst den manchmal schlummernden Genius
Durch deinen Reiz, den sanften; du bist es, der,
    Wenn Bacchus scherzt, staatskluger Männer
      Sorgen enthüllt und geheime Pläne;

Mit Hoffnung stärkst du wieder das bange Herz
Und leihest Kraft und Stärke dem armen Mann:
    Froh deiner scheut er nicht gekrönter
      Könige Zorn, noch das Schwert des Kriegers.

Dich lasse Bacchus, Venus, die holde und
Die nie den Dreibund lösen, die Grazien
    Und heller Lichtglanz fließen, bis sich
      Phöbus uns zeigt und die Sterne fliehn heißt.

DER DIANA GEWEIHT

Hüterin des Walds und der Berge, Jungfrau,
Die du hörst, wenn kreisende Fraun dich dreimal
Rufen, und vom Tode sie rettest, dreifach
    Waltende Göttin,

Dir gehört die Pinie, die mein Landhaus
Hoch umragt: froh will ich sie Jahr um Jahr dir
Netzen mit dem Blute des schon zum Haun sich
    Rüstenden Ebers.

DAS OPFER DER ARMEN BÄUERIN

Wenn du empor zum Himmel die Hände hebst
Beim neuen Mondlicht, Phidyle, ländlich Kind,
    Wenn du mit Weihrauch, junger Frucht und
      Gierigem Ferkel die Laren sühnest,

Nec pestilentem sentiet Africum   5
Fecunda vitis nec sterilem seges
    Robiginem aut dulces alumni
      Pomifero grave tempus anno.

Nam quae nivali pascitur Algido
Devota quercus inter et ilices   10
    Aut crescit Albanis in herbis
      Victima, pontificum secures

Ceivice tinguet: te nihil attinet
Tentare multa caede bidentium
    Parvos coronantem marino   15
      Rore deos fragilique myrto.

Inmunis aram si tetigit manus,
Non sumptuosa blandior hostia,
    Mollivit aversos Penatis
      Farre pio et saliente mica.   20

24

Intactis opulentior
   Thesauris Arabum et divitis Indiae
Caementis licet occupes
   Tyrrhenum omne tuis et mare Apulicum:

   Si figit adamantinos   5
   Summis verticibus dira Necessitas
Clavos, non animum metu,
   Non mortis laqueis expedies caput.

Campestres melius Seythae,
   Quorum plaustra vagas rite trahunt domos,   10
Vivunt et rigidi Getae,
   Immetata quibus iugera liberas

Dann spürt des Weinstocks Fülle des Südens Hauch,
Den giftigen, nicht, den Brand, den verheerenden,
  Nicht deine Saat, die junge Herde
    Nicht die gefährliche Zeit des Herbstes.

Was da geweiht zum Opfer auf Algidus'
Beschneiten Berghöhn weidet im Eichenwald
  Und was da aufwächst auf albanschen
    Triften, das röte mit seinem Nacken

Des Priesters Beil: du brauchst bei den Göttern nicht
Mit blutgem Mord von Lämmern zu werben, wenn
  Mit Rosmarin du und mit zarter
    Myrthe bekränzest die kleinen Bilder.

Die Hand, die rein von Schuld den Altar berührt,
Bedarf zur Sühnung kostbarer Opfer nicht:
  Geweihtes Mehl, ein knitternd Salzkorn
    Rührt ihr des Hauses erzürnte Götter.

BUSSPREDIGT

Und wenn mehr noch an Schätzen dein,
  Als Arabien birgt, wäre ganz Indien dein,
Und bedeckst du Tyrrheniens Strand
  Samt Apuliens Strand rings mit Palästen dein:

Und das grause Geschick erscheint,
  Schließt den schwindelnden Bau mit diamantnem
Löst du doch deine Seele nicht   [Stift,
  Aus den Fesseln der Angst, noch von dem Tod dein
                                                              Haupt.
Lebt doch freier der Steppe Sohn,
  Der das ärmliche Haus noch auf dem Karren zieht,
Selbst der Gete, der rohe, noch
  Willig reicht seine Flur jedem die Frucht zum Brot;

Fruges et Cererem ferunt
  Nec cultura placet longior annua
Defunctumque laboribus   15
  Aequali recreat sorte vicarius.

Illic matre carentibus
  Privignis mulier temperat innocens
Nec dotata regit virum
  Coniunx nec nitido fidit adultero.   20

  Dos est magna parentium
    Virtus et metuens alterius viri
  Certo foedere castitas,
    Et peccare nefas aut pretium est mori.

  O quisquis volet impias   25
    Caedes et rabiem tollere civicam,
  Si quaeret PATER urbium
    Subscribi statuis, indomitam audeat

  Refrenare licentiam,
    Clarus postgenitis: quatenus, heu nefas, 30
  Virtutem incolumem odimus,
    Sublatam ex oculis quaerimus invidi.

  Quid tristes querimoniae,
    Si non supplicio culpa reciditur,
  Quid leges sine moribus   35
    Vanae proficiunt, si neque fervidis

  Pars inclusa caloribus
    Mundi nec Boreae finitimum latus
  Durataeque solo nives
    Mercatorem abigunt, horrida callidi 40

  Vincunt aequora navitae,
    Magnum pauperies opprobrium iubet
  Quidvis et facere et pati
    Virtutisque viam deserit arduae?

Keinem ist sie noch abgegrenzt;
  Ein Jahr immer nur ritzt dort ihm der Pflug das Feld,
Ruht dann froh von der Arbeit aus,
  Wechselnd tritt in das Los immer ein Andrer ein.

Kinder, denen die Mutter starb,
  Läßt kein zweites Gemahl herzlos und rauh dort an,
Dort mißachtet, der Mitgift stolz,
  Nicht das Weib ihren Mann, hört nicht auf Buhler-
                                                    Flehn.
Elterntugend ist Mitgift dort,
  Und die Jungfrau, vermählt, flieht, dem Gelöbnis
Selbst die Blicke des fremden Manns;   [treu,
  Scheut als Sünde den Bruch oder sie stirbt dafür.

Kommt denn niemand und zähmt die Wut
  Auch der Bürger von Rom, bietet dem Morden Halt?
Wünscht er, daß man ihn „Vater" ruft,
  So auf Säulen ihn nennt, leg er aufs Neue den Zaum

Den entarteten Sitten an!
  Enkel segnen ihn dann. Weh! bis zu welchem Grad
Sind dem Blick wir der Tugend gram,
  Ach! und seufzen ihr doch, wo sie sich wendet, nach!

Doch was soll das Gejammer all,
  Trifft die Strafe nicht mehr, wie sies verdient, die
Und was helfen Gesetze noch,   [Schuld.
  Wenn die Sitte so krank, wenn die Begier nach Gold

Nicht den Kaufmann zurück mehr schreckt,
  Nicht vom glühenden Sand, nicht wo im ewigen
Starr die Erde gebettet liegt,   [Schnee
  Nicht vom eisigen Pol, und wenn des Schiffers List

Alle Schrecken des Meers besiegt?
  Wenn als Schand man scheut, arm sein, und Armut
Alles tun und erdulden heißt,   [dann
  Ja mit offener Stirn wandelt des Lasters Pfad?

Vel nos in Capitolium,   45
   Quo clamor vocat et turba faventium,
Vel nos in mare proximum
   Gemmas et lapides aurum et inutile,

Summi materiem mali,
   Mittamus, scelerum si bene paenitet.   50
Eradenda cupidinis
   Pravi sunt elementa et tenerae nimis

Mentes asperioribus
   Formandae studiis. Nescit equo rudis
Haerere ingenuus puer   55
   Venarique timet, ludere doctior,

Scu Graeco iubeas trocho
   Seu malis vetita legibus alea,
Cum periura patris fides
   Consortem socium fallat et hospitem   60

Indignoque pecuniam
   Heredi properet. Scilicet improbae
Crescunt divitiae, tamen
   Curtae nescio quid semper abest rei.

25

Quo me, Bacche, rapis tui
   Plenum? Quae nemora aut quos agor in specus,
Velox mente nova? Quibus
   Antris egregii Caesaris audiar

Aeternum meditans decus   5
   Stellis inserere et consilio Iovis?
Dicam insigne, recens, adhuc
   Indictum ore alio. Non secus in iugis

Reut uns wahrhaft der Sünden Last,
  Ei, was tragen wir nicht zum Kapitolium
Unter Beifall und Jubelgeschrei
  Traun! des hungernden Volks, oder ins nächste Meer

Unser Edelgestein und Gold,
  All den nutzlosen Tand, all unsers Leiden Quell?
Mit der Wurzel rotte man aus
  All die Keime der Lust, helfe den Seelen auf,

Den verzärtelten — auf, durch Zucht,
  Die sie härte, wie sonst! Hängt doch der junge Mann
Kaum noch fest auf dem Pferde mehr,
  Scheut die Mühen der Jagd; aber ist sehr gewandt

In dem griechischen Reifenspiel,
  Wirft den Würfel geschickt, den das Gesetz verpönt.
Warum sollt er auch nicht? Es trügt
  Ja sein Vater den Gast, seinen Geschäftsfreund auch

Häuft so unrecht erworbnes Gut
  Für den Sohn, der ihm gleicht. Freilich so wächst das
Unter Wucher und Trug! Und doch,   [Gold
Doch reichts immer nicht zu — immer fehlt Etwas
                                    noch!

D I T H Y R A M B E

Wo, in meiner Begeisterung,
  Bacchus, reißt du mich hin? Heilige Schauer wehn
Wehn mich wunderbar an! O, sag
  Wo, in welchem Geklüft steigt mein Gesang empor,

Trag ich Cäsars unsterblich Lob
  Zu den Sternen hinauf, hoch bis zu Jovis' Rat?
Auf des Liedes erhabnem Flug,
  Wie es nimmer gehört? — So, von den Höhn herab

Exsomnis stupet Euhias
    Hebrum prospiciens et nive candidam   10
Thracen ac pede barbaro
    Lustratam Rhodopen, ut mihi devio

Ripas et vacuum nemus
    Mirari libet. O Naiadum potens
Bachcarumque valentium   15
    Proceras manibus vertere fraxinos,

Nil parvum aut humili modo,
    Nil mortale loquar. Dulce periculum est,
O Lenaee, sequi deum
    Cingentem viridi tempora pampino.   20

26

Vixi puellis nuper idoneus
Et militavi non sine gloria;
    Nunc arma defunctumque bello
      Barbiton hic paries habebit,

Laevum marinae qui Veneris latus   5
Custodit. Hic, hic ponite lucida
    Funalia et vectes et arcus
      Oppositis foribus minacis.

O quae beatam diva tenes Cyprum et
Memphin carentem Sithonia nive,   10
    Regina, sublimi flagello
      Tange Chloen semel arrogantem.

27

Impios parrae recinentis omen
Ducat et praegnans canis aut ab agro
Rava decurrens lupa Lanuvino
    Fetaque vulpes;

Blickt wohl staunend die Mänade,
  Wenn sie schlummerlos schweift, plötzlich den Hebrus
Thrakes Fluren, in Schnee gehüllt,   schaut,
  Den Rhodope, durchtobt von der Barbaren Fuß:

So wie ich diesen Hain, den Strom,
  Jetzt bewundernd erschau .. Du, der Najaden Fürst,
Fürst der wilden Bacchantenschar,
  Deren schwärmende Hand mächtige Eschen bricht,

Laß auch mich deine Spuren gehn,
  Will ja Sterbliches nicht, Lieder aus dürftgem Ton!
O, ein wonniges Beben ists,
  Dir, die Schläfen umkränzt, folgen, du hoher Gott!

K A M P F E S M Ü D E

Bis heute lebt ich ganz für die Mädchen und
Nicht ohne Kriegsruhm hab ich gedient; doch jetzt
  Soll müd des Kampfspiels Schwert und Leier
    Hier an der Mauer mir ruhn, die schützend

Der Meeresgöitin Venus zur Linken steht.
Hier, Knaben, legt die Fackeln, die leuchtenden,
  Die Hebel hier, die Brecher nieder,
    Die den verrammelten Pforten drohten.

O Göttin, die im seligen Cyprus thront,
In Memphis frei vom Schnee des Sithonerlands,
  Nur einmal noch, o Fürstin, triff mit
    Schwirrender Geisel die stolze Chloe!

E U R O P A Z U G A L A T E E N S A B R E I S E

Sünder schrecke Zeus mit verrufnen Zeichen!
Laß des Käuzchens Schrei, eine trächtige Füchsin,
Von Lanuvium her eine falbe Wölfin
  Ihnen begegnen,

Rumpat et serpens iter institutum,   5
Si per obliquum similis sagittae
Terruit mannos: ego cui timebo,
     Providus auspex,

Antequam stantes repetat paludes
Imbrium divina avis imminentium,   10
Oscinem corvom prece suscitabo
     Solis ab ortu.

Sis licet felix, ubicumque mavis,
Et memor nostri, Galatea, vivas
Teque nec laevos vetet ire picus   15
     Nec vaga cornix.

Sed vides, quanto trepidet tumultu
Pronus Orion, ego quid sit ater
Hadriae novi sinus et quid albus
     Peccet Iapyx.   20

Hostium uxores puerique caecos
Sentiant motus orientis Austri et
Aequoris nigri fremitum et trementes
     Verbere ripas.

Sic et Europe niveum doloso   25
Credidit tauro latus et scatentem
Beluis pontum mediasque fraudes
     Palluit audax.

Nuper in pratis studiosa florum et
Debitae Nymphis opifex coronae   30
Nocte sublustri nihil astra praeter
     Vidit et undas.

Quae simul centum tetigit potentem
Oppidis Creten, 'pater, o relictum
Filiae nomen pietasque' dixit   35
     'Victa furore.

Eine Natter, schnell wie der Pfeil, sie kreuzen,
Daß in jähem Schreck ihre Mäuler scheuen!
Wer am Herzen mir, dem erspäh ich gerne
    Günstige Deutung.

Fleh zum Raben auf, daß er möge tönen
Den Prophetenruf von der Sonnen Aufgang,
Eh der Vogel noch, der den Regen kündet,
    Ahnend den Sumpf sucht.

Lebe glücklich denn, wo dein Stern dich hinzieht!
Und vergiß nicht ganz, Galatea, unser!
Mag kein Specht von Links, keiner Krähe Flug
    Den Willen mehr ändern.

Doch schon sinkt mit Hast, wie du siehst, Orion
Brausend, und ich weiß, was es heißt, der schwarze
Busen Hadrias, wenn des Sturmwinds Flügel
    Über ihn hinfährt.

Gönnen möcht ich nicht meines Feindes Weibe,
Daß sie fühlt den Stoß von des Südwinds Tücke,
Wenn das Meer erbrüllt und die Flut den Strand
    Daß er erzittert.   [peitscht,

Auch Europa gab ihres Leibes Schnee dem
Stier einst arglos hin, doch ihr Herz erbleichte,
Als den Blick warf in den grausen Schlund, die
    Wimmelnde Tiefe.

Die noch Blumen jüngst auf der Flur sich pflückte,
Sie zu Kränzen wand den geliebten Nymphen,
Sah beim Dämmerschein in der Nacht jetzt Nichts, als
    Wasser und Sterne.

Als sie nun entstieg aus der Flut zum Strande,
Wo vom Meer sich hebt das beglückte Kreta,
„O! wo war ich, wo? Daß ich dich, o Vater“,
    Rief sie, „verlassen!“

Unde quo veni? levis una mors est
Virginum culpae. Vigilansne ploro
Turpe commissum an vitiis carentem
    Ludit imago   40

Vana, quae porta fugiens eburna
Somnium ducit? meliusne fluctus
Ire per longos fuit an recentes
    Carpere flores?

Siquis infamem mihi nunc iuvencum   45
Dedat iratae, lacerare ferro et
Frangere enitar modo multum amati
    Cornua monstri.

Impudens liqui patrios Penates,
Impudens Orcum moror. O deorum   50
Siquis haec audis, utinam inter errem
    Nuda leones.

Antequam turpis macies decentes
Occupet malas teneraeque sucus
Defluat praedae, speciosa quaero   55
    Pascere tigres.

Vilis Europe, pater urget absens:
Quid mori cessas? potes hac ab orno
Pendulum zona bene te secuta
    Laedere collum.   60

Sive te rupes et acuta leto
Saxa delectant, age te procellae
Crede veloci, nisi erile mavis
    Carpere pensum

Regius sanguis dominaeque tradi   65
  Barbarae paelex.' Aderat querenti
Perfidum ridens Venus et remisso
    Filius arcu.

„Weh, wie kam ich her und wohin mit mir jetzt?
Ein Tod reicht nicht aus, meine Schuld zu büßen:
Aber ists denn wahr, daß ich mich versündigt,
    Hält nicht ein Traum nur,

Der entschwebt dem Tor, dem von Elfenbeine,
Mich umfangen? Weh! Doch warum auch ließ er
Mich dem Meer vertraun, als auf grünen Auen
    Blumen zu pflücken?

Schaffte mir doch wer den verhaßten Stier jetzt,
O, wie wollt ich ihn mit dem Stahl durchbohren,
Wütend dem noch jüngst so geliebten Tier die
    Hörner zerbrechen!

Hatt ich keine Scham, daß ich ließ die Heimat?
Hab ich keine Scham, daß den Tod ich zögre?
Welcher Gott mich hört, o, er laß mich fallen
    Unter die Löwen,

Laß mich Tigern sein eine leckre Speise,
Ehe noch der Schmerz diese Wangen bleichet,
Ehe noch der Gram dieses zarten Leibes
    Säfte gedörrt hat!

O, Verworfne! ruft, ja ich hörs, der Vater,
Warum zögerst du? Ist denn nicht dein Gürtel
Dir zum Glück gefolgt? Nun, so knüpf den Nacken
    Hier an die Esche.

Oder dünkt der Fels, die gezackte Klippe,
Dir ein schönrer Tod? Nun, wohlan, der Sturmwind
Trägt dich bald herab; doch vielleicht so liebst du
    Wolle zu spinnen,

Du, ein Königsblut, und als Magd zu dienen
Fremder Fraun Gebot?" Sieh, da naht ihr Venus,
Amorn ander Hand mit gesenktem Bogen,
    Lächelte grausam,

Mox ubi lusit satis, 'abstineto'
Dixit 'irarum calidaeque rixae,   70
Cum tibi invisus laceranda reddet
    Cornua taurus.

Uxor invicti Iovis esse nescis.
Mitte singultus, bene ferre magnam
disce fortunam; tua sectus orbis   75
    Nomina ducet.'

28

Festo quid potius die
Neptuni faciam? Prome reconditum,
  Lyde, strenua Caecubum
Munitaeque adhibe vim sapientiae.

    Inclinare meridiem   5
Sentis ac, veluti stet volucris dies,
  Parcis deripere horreo
Cessantem Bibuli consulis amphoram.

    Nos cantabimus invicem
Neptunum et virides Nereidum comas;   10
  Tu curva recines lyra
Latonam et celeris spicula Cynthiae;

    Summo carmine quae Cnidon
Fulgentesque tenet Cycladas et Paphon
  Iunctis visit oloribus   15
Dicetur, merita Nox quoque nenia.

29

Tyrrhena regum progenies, tibi
Non ante verso lene merum cado
  Cum flore, Maecenas, rosarum et
    Pressa tuis balanus capillis

Doch als sie genug sich geweidet, sprach sie:
„Wird gestillt dein Zorn, deine Klage schweigen,
Wenn der Stier dir jetzt die verhaßten Hörner
    Reicht zum Zerbrechen?

Weißt so wenig du, wie man Zeus Gemahl ist?
Laß das Schluchzen, lern, wie man trägt mit Würde
Ein so großes Glück! Noch ein Weltteil, wisse,
    Nennt sich nach dir einst.‟

NEPTUNFEST

Was am heiligen Fest Neptuns
Nehm ich Besseres vor? Lyde, zum Keller flugs!
    Von dem ältesten Cäcuber!
Dem verschlossenen Ernst sprengen wir heut das Tor.

Nun? Schon neigt sich der Sonnengott,
Und, als stünde des Tags flüchtige Stunde still,
    Säumst du, bringest den Krug noch nicht,
Der von Bibulus her schon auf dem Lager liegt?

Dann, beim Trunk, einen Wechselsang!
Ich Neptun und des Meers Töchter im grünen Haar,
    Du zur Laute Latonas Preis
Und mit Köcher und Pfeil Cynthias Lichtgestalt.

Beide singen vereint wir dann,
Wie auf schimmernder Flut Venus im Schwangespann
    Hin zum reizenden Paphos fährt;
Singen endlich zum Schluß dankbar der Nacht ihr Lied.

AN MÄCENAS

Tyrrhenscher Königssprosse, Mäcenas, dein
    Harrt lange schon in nimmerberührtem Krug
        Ein milder Wein bei mir und Rosen-
            Blüten und Narde für deine Haare

Iamdudum apud me est: eripe te morae   5
Nec semper udum Tibur et Aefulae
   Declive contempleris arvum et
     Telegoni iuga parricidae.

Fastidiosam desere copiam et
Molem propinquam nubibus arduis,   10
   Omitte mirari beatae
     Fumum et opes strepitumque Romae:

Plerumque gratae divitibus vices
Mundaeque parvo sub lare pauperum
   Cenae sine aulaeis et ostro   15
     Sollicitam explicuere frontem.

Iam clarus occultum Andromedae pater
Ostendit ignem, iam Procyon furit
   Et stella vesani Leonis
     Sole dies referente siccos;   20

Iam pastor umbras cum grege languido
Rivumque fessus quaerit et horridi
   Dumeta Silvani caretque
     Ripa vagis taciturna ventis.

Tu civitatem quis deceat status   25
Curas et Vrbi sollicitus times,
   Quid Seres et regnata Cyro
     Bactra parent Tanaisque discors.

Prudens futuri temporis exitum
Caliginosa nocte premit deus   30
   Ridetque, si mortalis ultra
     Fas trepidat. Quod adest memento

Componere aequus: cetera fluminis
Ritu feruntur, nunc medio alveo
   Cum pace delabentis Etruscum   35
     In mare, nunc lapides adesos

Gepreßt: wohlan denn, reiße dich los und schau
Nicht ewig hin auf Aefulas Bergeshang,
    Aufs quellge Tibur und des Vater-
      Mörders Telegons stolze Höhen!

Verlaß die Unlust schaffende Herrlichkeit
Und deiner Schloßburg wolkengesellten Bau,
    Nicht länger laß der selgen Roma
      Rauch und Getümmel und Pracht dich fesseln:

Hat doch so oft schon Wechsel, des Reichen Lust,
Ein schlichtes Mahl im Hause des Ärmeren
    Auch ohne Baldachin und Purpur
      Ihm die bekümmerte Stirn entrunzelt.

Schon zeigt die Glut, die langeverhaltene,
Der helle Cepheus, Procyon wütet schon,
    Schon auch der Stern des grimmen Leun, da
      Wieder die Sonne die heiße Zeit bringt;

Schon sucht der Hirt mit lechzender Herde sich
Ermattet Bach und Schatten und Waldgebüsch
    Des struppgen Waldgotts auf und nirgend
      Regt sich ein Lüftchen am stillen Ufer.

Du denkst der Ordnung, welche dem Staat gebührt,
Und sinnst besorgt, was ferne der Serer droht,
    Was Baktra, da einst Cyrus herrschte,
      Was mit sich selber im Streit der Scythe.

Wohlweislich hüllt der kommenden Zeiten Lauf
In undurchdringbar Dunkel der Gott uns ein
    Und lacht, wenn mehr als recht ein Sohn der
      Erde sich ängstet. Was da ist, nütze

Zufriednen Sinns: das andre kommt und geht
Dem Strom gleich, der jetzt in des Bettes Schoß
    Stillfriedlich hinwallt zum Etrusker
      Meere und jetzo zerfressne Felsen,

Stirpesque raptas et pecus et domos
Volventis una, non sine montium
    Clamore vicinaeque silvae,
        Cum fera diluvies quietos   40

Irritat amnes. Ille potens sui
Laetusque deget cui licet in diem
    Dixisse: 'vixi; cras vel atra
        Nube polum Pater occupato

Vel sole puro, non tamen irritum   45
Quodcumque retro est efficiet neque
    Diffinget infectumque reddet
        Quod fugiens semel hora vexit.

Fortuna saevo laeta negotio et
Ludum insolentum ludere pertinax   50
    Transmutat incertos honores,
        Nunc mihi nunc alii benigna.

Laudo manentem: si celeres quatit
Pennas, resigno quae dedit, et mea
    Virtute me involvo probamque   55
        Pauperiem sine dote quaero.

Non est meum, si mugiat Africis
Malus procellis, ad miseras preces
    Decurrere et votis pascisci
        Ne Cypriae Tyriaeque merces   60

Addant avaro divitias mari:
Tunc me biremis praesidio scaphae
    Tum per Aegaeos tumultus
        aura feret geminusque Pollux.

Entwurzelt Holz und Herden und Hütten wild
Mit sich dahinwälzt, daß die Gebirge, daß
   Die Wälder rings lautdröhnend hallen,
     Wenn aus der Ruhe die Flut, die wilde,

Die Wasser aufreizt. Glücklich, ein freier Mann
Ist der allein, der täglich sich sagen darf:
   Ich hab gelebt; ob schwarze Wolken
     Morgen der Vater am Pol heraufführt,

Ob Sonnenschein, nie kann er vereiteln, was
Dahinten liegt und nimmer gestaltet er
   Das um und macht das ungesehn, was
     Fliehend die Stunde einmal entführt hat.

Fortuna freut des grausamen Handelns sich
Und nimmer rastend spielt sie ihr höhnisch Spiel:
   Heut mir geneigt, dem andern morgen
     Wechselt sie stets mit den eiteln Gaben.

Wohl, wenn sie treu bleibt: hebt sie die Fittige
Zur Flucht, entsag ich ihren Geschenken gern,
   Ich hülle mich in meinen Wert und
     Wähle die redliche, nackte Armut.

Ein andrer mag wohl, wenn von des Südens Wut
Erkracht der Mastbaum, greifen zu niedrem Flehn,
   Mag sich erhandeln durch Gelübde,
     Daß ihm die Tyrer, die Cyprer Fracht nicht

Mit neuem Reichtum fülle die gier'ge See,
Ich nimmermehr: im Schoße des kleinsten Kahns
   Trägt sicher mich durch Meeressturm ein
     Günstiger Wind und der Stern des Pollux.

30

Exegi monumentum aere perennius
Regalique situ pyramidum altius,
Quod non imber edax, non aquilo impotens
Possit diruere aut innumerabilis

Annorum series et fuga temporum.   5
Non omnis moriar multaque pars mei
Vitabit Libitinam: usque ego postera
Crescam laude recens, dum Capitolium

Scandet cum tacita virgine pontifex.
Dicar, qua violens obstrepit Aufidus   10
Et qua pauper aquae Daunus agrestium
Regnavit populorum, ex humili potens,

Princeps Aeolium carmen ad Italos
Deduxisse modos. Sume superbiam
Quaesitam meritis et mihi Delphica   15
Lauro cinge volens, Melpomene, comam.

UNSTERBLICHKEIT

Und nun schuf ich ein Mal dauernder noch als Erz,
Majestätischer als der Pyramiden Bau,
Das kein Regen zernagt, rasenden Nordes Wut
Nicht zu stürzen vermag, noch der Jahrhunderte

Unabsehbare Reihn oder der Zeiten Flucht.
Nein, ich sterbe nicht ganz, vieles von mir entgeht
Libitinen und stets steig ich in kommender
Nachwelt Ruhme, so lang, als mit der schweigenden

Jungfrau zum Kapitol wandelt der Pontifex.
Wo der Aufidus wild braust und an Quellen arm
Einst ob ländlichem Volk Daunus geherrscht, von dort —
Also sagt man dereinst — schwang er sich auf vom
                                              Staub,
Er, der erste, der Roms Sange äolischer
Lyra Klänge verliehn. Nimm ihn für mich, den Preis,
Den mein Wirken erstrebt, winde, Melpomene,
Huldreich mir um das Haupt delphischen Lorbeer-
                                          zweig!

1

Intermissa, Venus, diu
Rursus bella moves? Parce, precor, precor.
    Non sum qualis eram bonae
Sub regno Cinarae: desine, dulcium

    Mater saeva Cupidinum,   5
Circa lustra decem flectere mollibus
    Iam durum imperiis; abi,
Quo blandae iuvenum te revocant preces.

    Tempestivius in domum
Paulli purpureis ales oloribus   10
    Comissabere Maximi,
Si torrere iecur quaeris idoneum;

    Namque et nobilis et decens
Et pro sollicitis non tacitus reis
    Et centum puer artium   15
Late signa feret militiae tuae

    Et quandoque potentior
Largi muneribus riserit aemuli,
    Albanos prope te lacus
Ponet marmoream sub trabe citrea.   20

    Illic plurima naribus
Duces tura lyraeque et Berecyntiae
    Delectabere tibiae
Mixtis carminibus non sine fistula;

    Illic bis pueri die   25
Numen cum teneris virginibus tuum
    Laudantes pede candido
In morem Salium ter quatient humum:

LIGURINUS

Rufst du, Venus, nach langer Rast
Mich aufs neue zum Kampf? Schone, o schone mein!
　Bin nicht mehr was ich unter der
Guten Cinara war: laß es, des wonnigen

　Amor grausame Mutter, doch,
Mich zu beugen, zu hart bin ich für weichen Zwang,
　Nun ich zehen der Lustra sah;
Geh und folge dem Flehn schmeichelnder Jünglinge!

　Weit willkommener ziehest du,
Leichthinschwebend auf hellschimmerndem Schwanen-
　Ein bei Maximus Paullus, wenn　　　　　[paar,
Du ein fühlendes Herz suchst für der Liebe Glut.

　Anmutsvoll und von edlem Blut,
Niemals stumm, wo die Angst eines Klienten ruft,
　Tausend Künste verstehend trägt
Er dein hohes Panier weit in die Welt hinaus:

　Wenn er, Sieger im Kampf mit dem
Nebenbuhler, dem reichspendenden, triumphiert,
　Stellt er nah den albanischen
Seen dein marmornes Bild unter das Zederndach.

　Dort, dort schlürfst du des duftenden
Weihrauchs Fülle, dein Ohr freun berecyntische
　Flötentöne melodisch hold
Mit der Lyra gemischt und der Schalmeien Klang;

　Dort preist zweimal an jedem Tag
Dich der Knaben, der hold blühenden Mädchen Chor,
　Und ihr schimmernder Fuß berührt
Dreimal stampfend den Grund salischem Brauch gemäß:

Me nec femina nec puer
Iam nec spes animi credula mutui   30
   Nec certare iuvat mero
Nec vincire novis tempora floribus.

   Sed cur heu, Ligurine, cur
Manat rara meas lacrima per genas?
   Cur facunda parum decoro   35
· Inter verba cadit lingua silentio?

Nocturnis ego somniis
Iam captum teneo, iam volucrem sequor
   Te per gramina Martii
Campi, te per aquas, dure, volubiles.   40

2

Pindarum quisquis studet aemulari,
Iulle, ceratis ope Daedalea
Nititur pennis vitreo daturus
    Nomina ponto.

Monte decurrens velut amnis, imbres   5
Quem super notas aluere ripas,
Fervet immensusque ruit profundo
    Pindarus ore,

Laurea donandus Apollinari,
Seu per audaces nova dithyrambos   10
Verba devolvit numerisque fertur
    Lege solutis;

Seu deos regesque cqnit, deorum
Sanguinem, per quos cecidere iusta
Morte Centauri, cecidit tremendae   15
    Flamma Chimaerae;

Mich reizt fürder nicht Mann noch Weib,
Nicht der schmeichelnde Wahn wieder geliebt zu sein,
  Nicht wettrinkender Zecher Kampf,
Nicht der Kranz der im Lenz sich um die Schläfe
                                    schmiegt.
  Doch o weh, Ligurin, was ists,
Daß ein Tropfen sich mir über die Wange stiehlt?
  Daß die Zunge, beredt voreinst,
Jetzt inmitten des Worts feige mir stille steht?

  Ach, im Traume der Nacht umschlingt
Jetzt mein Arm dich und jetzt folg ich, wenn du ent-
  Durch den grasigen Campus dir,   [fliehst,
Durch den rollenden Strom, grausamer Knabe dir.

S C H W A N U N D B I E N E

Wer sich kühn vermißt in dem Schwunge Pindars,
Fliegt wie Ikarus, und vertraut sich Flügeln,
Die von Wachs, um nur einem grünen Meer den
    Namen zu geben.

Wie ein Bergstrom stürzt, den der Regen schwellte,
Hoch zum Bord hinaus des gewohnten Bettes,
Also braust und stürzt wie aus tiefem Borne
    Schrankenlos Pindar.

Immer wert des Schmucks von Apollos Lorbeer:
Ob in neuer Form eines Dithyrambus,
    Ob er, jeder Form in Begeistrung spottend,
    Strömt seine Lieder;

Ob er Götter singt oder Göttersprossen,
Deren Arm gestürzt der Centauren Rotte
In verdiente Nacht, und erstickt die Flammen-
    Sprüh'nde Chimära;

Sive quos Elea domum reducit
Palma caelestes pugilemve equumve
Dicit et centum potiore signis
    Munere donat;   20

Flebili sponsae iuvenemve raptum
Plorat et vires animumque moresque
Aureos educit in astra nigroque
    Invidet Orco.

Multa Dircaeum levat aura cycnum,   25
Tendit, Antoni, quotiens in altos
Nubium tractus: ego apis Matinae
    More modoque

Grata carpentis thyma per laborem
Plurimum circa nemus uvidique   30
Tiburis ripas operosa parvous
    Carmina fingo.

Concines maiore poeta plectro
Caesarem, quandoque trahet feroces
Per sacrum clivum merita decorus   35
    Fronde Sygambros:

Quo nihil maius meliusve terris
Fata donavere bonique divi
Nec dabunt, quamvis redeant in aurum
    Tempora priscum.   40

Concines laetosque dies et urbis
Publicum ludum super impetrato
Fortis Augusti reditu forumque
    Litibus orbum.

Tum meae, siquid loquar audiendum,   45
Vocis accedet bona pars et 'o sol
Pulcher, o laudande!' canam recepto
    Caesare felix.

Ob er singt das Roß und den kühnen Reiter,
Der auf Elis' Bahn sich errang die Palme,
Und sie reicher lohnt durch den Sang, als hundert
    Säulen vermögen;

Ob er klagend weint um den toten Jüngling,
Der der Braut geraubt, oder goldner Zeiten
Geist und Tat und Ruhm, sie dem Orkus neidend,
    Trägt zu den Sternen.

Ja, wenn Dirkes Schwan seine Flügel hebet,
Zu den Wolken steigt, ein geschwellter Odem
Trägt ihn stets empor, während ich, nach Art der
    Biene der Heimat,

Die am Waldessaum, an den Wassern Tiburs,
Still und mühsam nur ihren Honig sammelt,
Auch unscheinbar nur und mit Müh ersinne
    Kleinere Lieder.

So glückt besser dir das Triumphlied Cäsars,
Deinem höhern Schwung, wenn bekränzt mit Lorbeer
Er zur heilgen Burg die bezwungnen Völker
    Schleppt, die Sigambrer:

Denn der Götter Huld, sie verlieh dem Erdball
Größres, Schönres nicht, nicht für jetzt und nimmer,
Stieg noch einmal auch in die Welt herab das
    Goldene Alter.

Schöner singst auch du, mein Anton, den Jubel,
Der die Herzen füllt, und des Forums Feiern,
Und die Freuden Roms, daß August uns glücklich
    Wiedergegeben.

Ja, dann laß auch ich meine Stimm ertönen,
Singe, wenns gelingt, ein bescheidnes Lied und
Rufe: „Schöner Tag, sei gegrüßt mir!" — selig
    Über die Heimkehr.

Tuque, dum procedis, 'io triumphe'
Non semel dicemus, 'io triumphe'   50
Civitas omnis dabimusque divis
     Tura benignis.

Te decem tauri totidemque vaccae,
Me tener solvet vitulus, relicta
Matre qui largis iuvenescit herbis   55
     In mea vota,

Fronte curvatos imitatus ignes
Tertium lunae referentis ortum,
Qua notam duxit, niveus videri,
     Cetera fulvus.   60

3

Quem tu, Melpomene, semel
Nascentem placido lumine videris,
     Illum non labor Isthmius
Clarabit pugilem, non equus impiger

     Curru ducet Achaico   5
Victorem neque res bellica Deliis
     Ornatum foliis ducem,
Quod regum tumidas contuderit minas,

     Ostendet Capitolio;
Sed quae Tibur aquae fertile praefluunt   10
     Et spissae nemorum comae
Fingent Aeolio carmine nobilem.

     Romae principis urbium
Dignatur suboles inter amabiles
     Vatum ponere me choros   15
Et iam dente minus mordeor invido.

Wenn du froh mit „Heil und Triumph!" vorangehst
Fülln auch wir mit Heil und Triumph die Lüfte.
Wollen Weihrauch streun, ja das ganze Volk, den
    Himmlischen Göttern.

Dich erlöset, Freund, nur ein Dutzend Rinder.
Mein Gelübde tilgt das bescheidne Kälbchen,
Das die Mutter ließ und für mich in Kräutern
    Reichlich heranwuchs.

Von der Stirne blickts wie des Mondes Sichel,
Der zum drittenmal an dem Himmel aufstieg,
Rötlich rings der Leib und allein die Zeichnung
    Strahlend wie Schneelicht.

A N   M E L P O M E N E

Wem dein Auge, Melpomene,
Einmal bei der Geburt freundlich gelächelt hat,
    Dem wird nimmer im isthmischen
Kampf als Fechter geklatscht, in der achäischen

    Rennbahn trägt ihn kein feuriges
Roß zum Siege, nie wird Roms Kapitolium
    Ihn mit delischem Laub geschmückt
Aufziehn sehn im Triumph, weil er vermessenen

    Königstrotz in den Staub gelegt;
Nein, ihn bildet die Flut, welche das fruchtbare
    Tibur netzt, und des schattigen
Hains dichtwallendes Grün groß im Aeolerlied.

    Romas Söhne, der Fürstin der
Welt, sie achten es wert unter den lieblichen
    Chor von Sängern mich einzureihn,
Und schon naget an mir minder des Neides Zahn.

O testudinis aureae
Dulcem quae strepitum, Pieri, temperas,
   O mutis quoque piscibus
Donatura cycni, si libeat, sonum: 20

   Totum muneris hoc tui est,
Quod monstror digito praetereuntium;
   Romanae fidicen lyrae
Quod spiro et placeo, si placeo, tuum est.

4

Qualem ministrum fulminis alitem,
Cui rex deorum regnum in aves vagas
   Permisit expertus fidelem
      Iuppiter in Ganymede flavo,

Olim iuventas et patrius vigor   5
Nido laborum propulit inscium
   Vernique iam nimbis remotis
      Insolitos docuere nisus

Venti paventem, mox in ovilia
Demisit hostem vividus impetus,   10
   Nunc in reluctantes dracones
      Egit amor dapis atque pugnae;

Qualemve laetis caprea pascuis
Intenta fulvae matris ab ubere
   Iam lacte depulsum leonem   15
      Dente novo peritura vidit:

Videre Raetis bella sub Alpibus
Drusum gerentem Vindelici, quibus
   Mos unde deductus per omne
      Tempus Amazonia securi   20

O pierische Göttin, du,
Die dem goldenen Spiel wonnigen Laut entlockt,
  Die dem Fische, dem stummen, selbst,
  Wenn sie wollte, des Schwans Töne verleihen kann:

Dein, dein Gnadengeschenk nur ists,
Daß mit Fingern auf mich weist, wer vorübergeht;
  Daß ich Meister der Lyra Roms
Bin, mein Lied und mein Ruhm, werd ich gerühmt, ist
                                        dein.

DRUSUS

Gleichwie den Ar, den Träger des Donnerkeils, —
Vom Herrn der Welt zum Herrscher der Vögelschar
  Berufen, weil er treu sich zeigte
  Bei Ganymedes, dem blondgelockten, —

Erst Jugendmut und vaterererbte Kraft
Vom Horste treibt — ihm ist die Gefahr noch fremd —
  Und Lenzessturmhauch nach verbraustem
  Winter den Jüngling, den zagen, lehret

Den Erstlingsflug zu wagen, wie dann sein Mut,
Der wilde, in die Hürden ihn treibt und Lust
  An Raub und Streit ihn kämpfen heißen
  Wider die grimmige Brut des Drachen;

Und wie das Reh, der üppigen Weide froh,
Den Löwen, den die Mutter, die falbe, kaum
  Entwöhnte ob der Milch, der reichen,
  Schauet, ein Opfer des jungen Zahnes:

So, fern am Fuß des rätischen Alpenhangs,
Sah Vindelicia Drusus im Kampfe stehn; —
  Woher der uralt heimsche Brauch stammt,
  Der mit dem Beile der Amazonen

Dextras obarmet, quaerere distuli
Nec scire fas est omnia; sed diu
    Lateque victrices catervae
      Consiliis iuvenis revictae

Sensere, quid mens, rite quid indoles   25
Nutrita faustis sub penetralibus
    Posset, quid Augusti paternus
      In pueros animus Nerones.

Fortes creantur fortibus te bonis:
Est in iuvencis, est in equis patrum   30
    Virtus neque imbellem feroces
      Progenerant aquilae columbam.

Doctrina sed vim promovet insitam
Rectique cultus pectora roborant;
    Utcumque defecere mores,   35
      Indecorant bene nata culpae.

Quid debeas, o Roma, Neronibus,
Testis Metaurum flumen et Hasdrubal
    Devictus et pulcher fugatis
      Ille dies Latio tenebris,   40

Qui primus alma risit adorea,
Dirus per urbis Afer ut Italas
    Ceu flamma per taedas vel Eurus
      Per Siculas equitavit undas.

Post hoc secundis usque laboribus   45
Romana pubes crevit et impio
    Vastata Poenorum tumultu
      Fana deos habuere rectos

Dixitque tandem perfidus Hannibal:
'Cervi, luporum praeda rapacium,   50
    Sectamur ultro, quos opimus
      Fallere et effugere est triumphus.

Dies Volk bewehrt, nicht wollt ichs erforschen jetzt,
Auch ists nicht möglich alles zu wissen: — doch
   Die weit und lang siegreichen Scharen
      Fühlten besiegt von des Jünglings Kriegskunst,

Was Geisteskraft, was erbliche Tüchtigkeit,
Wenn recht gepflegt in götterbeglücktem Haus,
   Vermag, was des Augustus Vater-
      Liebe gewirkt an den Söhnen Neros.

Ein Starker stammt von Starken und Guten nur:
Es lebt im Stier, es lebt in dem Roß die Kraft
   Der Väter, niemals wird ein wilder
      Adler die friedliche Taube zeugen;

Doch nur die Bildung fördert den edlen Keim
Und rechte Zucht nur stählet die junge Brust;
   Wo aber Zucht und Sitte fehlen,
      Schänden Vergehen die besten Gaben.

Was du, o Roma, deinen Neronen dankst,
Das zeugt Metaurus' Ufer und Hasdrubals
   Vernichtung, zeugt der schöne Tag, der
      Endlich das Dunkel verscheucht aus Latium,

Der erste hold uns lächelnde Siegestag,
Seit durch Italias Städte der Schreckliche
   Hinfuhr wie Oststurm durchs sizilsche
      Meer, wie durch Fichtengehölz ein Waldbrand.

Seitdem erhob stets glücklich im Kampfe sich
Die Jugend Roms, und seine verödeten
   Vom Pönerkrieg ruchlos entweihten
      Tempel empfingen die alten Götter,

Und endlich sprach der tückische Hannibal:
„Den Hirschen gleichend, reißender Wölfe Raub,
   Verfolgen wir sie, welche täuschen,
      Welchen entrinnen Triumph genug ist.

Gens, quae cremato fortis ab Ilio
Iactata Tuscis aequoribus sacra
   Natosque maturosque patres   55
      Pertulit Ausonias ad urbes,

Duris ut ilex tonsa bipennibus
Nigrae feraci frondis in Algido,
   Per damna, per caedes, ab ipso
      Ducit opes animumque ferro.   60

Non hydra secto corpore firmior
Vinci dolentem crevit in Herculem
   Monstrumve submisere Colchi
      Maius Echioniaeve Thebae.

Merses profundo, pulchrior evenit;   65
Luctere, multa proruit integrum
   Cum laude victorem geritque
      Proelia coniugibus loquenda.

Karthagini iam non ego nuntios
Mittam superbos: occidit, occidit   70
   Spes omnis et fortuna nostri
      Nominis Hasdrubale interempto.

Nil Claudiae non perficient manus,
Quas et benigno numine Iuppiter
   Defendit et curae sagaces   75
      Expediunt per acuta belli'.

5

Divis orte bonis, optime Romulae
Custos gentis, abes iam nimium diu;
Maturum reditum pollicitus patrum
   Sancto concilio, redi.

Dies Volk, das aus dem rauschenden Ilios
Voll Heldenmuts durchs wilde Tyrrhenermeer
    Penaten, Kinder, greise Väter
        Nach den ausonischen Städten hintrug,

Gleich einem Eichbaum hoch in des Algidus
Laubdunklem Forst von schneidender Axt behaun,
    So ziehts im Unglück, unter Schlägen,
        Selbst von dem Eisen sich Mut und Stärke.

Nicht wuchs des Hydra Rumpf so gewaltig auf,
Wenn siegesbang sie Herkules niederschlug,
    Nie zeugte Kolchis, nie Echions
        Theben ein größeres Ungeheuer.

Wirfs tief ins Meer, nur stolzer erhebt es sich;
Bekämpf es, glorreich streckt es die frische Kraft
    Des Siegers hin und liefert Schlachten,
        Die noch die Weiber der Enkel preisen.

Nicht stolze Botschaft werde von nun an ich
Heim nach Karthago senden: dahin, dahin
    Ist alle Hoffnung, unsres Namens
        Größe, denn Hasdrubal ist gefallen.

Nichts ist, was nicht ein Claudier-Arm vollbringt,
Denn unter Jovis gnädigem Schutze führt
    Ihr wacher Feldherrnblick sie glücklich
        Durch die Gefahren des Kriegs zum Siege!"

KEHRE HEIM!

Sag, wo weilst du so lang, gütiger Sproß,
Du, des römischen Volks einziger Hort und Schirm?
    Du verhießest dem Rat würdiger Väter doch
        Frühe Heimkehr — so kehr denn heim!

Lucem redde tuae, dux bone, patriae: 5
Instar veris enim vultus ubi tuus
Affulsit populo, gratior it dies
    Et soles melius nitent.

Ut mater iuvenem, quem Notus in vido
Flatu Carpathii trans maris aequora   10
Cunctantem spatio longius annuo
    Dulci distinet a domo,

Votis ominibusque et precibus vocat
Curvo nec faciem litore dimovet:
Sic desideriis icta fidelibus   15
    Quaerit patria Caesarem.

Tutus bos etenim rura perambulat,
Nutrit rura Ceres almaque Faustitas,
Pacatum volitant per mare navitae;
    Culpari metuit fides.   20

Nullis polluitur casta domus stupris,
Mos et lex maculosum edomuit nefas,
Laudantur simili prole puerperae,
    Culpam poena premit comes.

Quis Parthum paveat, quis gelidum Scythen,   25
Quis Germania quos horrida parturit
Fetus incolumi Caesare? quis ferae
    Bellum curet Hiberiae?

Condit quisque diem collibus in suis
Et vitem viduas ducit ad arbores;   30
Hinc ad vina redit laetus et alteris
    Te mensis adhibet deum;

Te multa prece, te prosequitur mero
Defuso pateris et Laribus tuum
Miscet numen, uti Graecia Castoris   35
    Et magni memor Herculis.

Leuchte wieder, o Fürst, über Hesperien!
Hat erst wieder dein Blick, milde gleich wie der Lenz,
Deinem Volke gelacht: froher vergeht der Tag,
    Und die Sonne scheint schöner dann.

Wie mit Bangen den Sohn, welchen der Süd verschlug
Und mit neidischem Hauch über das Jahr hinaus
In Karpathiens Flut fern von der Heimat hält,
    Von dem teueren Vaterhaus,

Nun mit Angst und Gebet flehend die Mutter ruft
Und den harrenden Blick nimmer vom Ufer kehrt:
Also suchet voll Angst um das geliebte Haupt
    Seinen Cäsar das Vaterland.

Wohl, denn wieder mit Ruh wandelt der Stier die Flur,
Ceres segnet die Flur wieder mit üppiger Saat,
Wieder schaukelt das Schiff durch die versöhnte Flut,
    Treu und Glauben sind neu erwacht.

Buhlerwesen befleckt nirgend das keusche Haus,
Sitte hält und Gesetz Mannesbegier im Zaun,
Für die Treue der Frau zeuget der Kinder Blick,
    Strafe folgt auf dem Fuß der Schuld.

Wen erfüllt noch mit Angst Parther und Skythe dann?
Wen Germaniens Brut, Söhne der rauhen Luft?
Wen, wenn Cäsar, uns lebt? Banget dann einem noch
    Um den Krieg in Hiberia?

Jeder pflegt seines Hangs sorgenlos Tag um Tag,
Schlingt vom Stamme zu Stamm emsig sich Reben auf,
Kehrt, wenn alles vollbracht, frohzum bescheidnen
    Läßt beim Wein seinen Gott dich sein.   [Mahl,

Betet brünstig für dich, gießt aus dem Opferkelch
Reichlich Spende für dich, stellt dein vergöttert Bild
Unter Laren des Herds, gleich wie der Grieche fromm
    Seine großen Heroen ehrt.

'Longas o utinam, dux bone, ferias
Praestes Hesperiae!' dicimus integro
Sicci mane die, dicimus uvidi,
    Cum sol Oceano subest.   20

6

Dive, quem proles Niobea magnae
Vindicem linguae Tityosque raptor
Sensit et Troiae prope victor altae
    Phthius Achilles,

Ceteris maior, tibi miles impar,   5
Filius quamvis Thetidis marinae
Dardanas turris quateret tremenda
    Cuspide pugnax: —

Ille, mordaci velut icta ferro
Pinus aut impulsa cupressus Euro,   10
Procidit late posuitque collum in
    Pulvere Teucro:

Ille non inclusus equo Minervae
Sacra mentito male feriatos
Troas et laetam Priami choreis   15
    Falleret aulam;

Sed palam captis gravis, heu nefas, heu,
Nescios fari pueros Achivis
Ureret flammis, etiam latentem
    Matris in alvo,   20

Ni tuis victus Venerisque gratae
Vocibus divum pater adnuisset
Rebus Aeneae potiore ductos
    Alite muros: —

„Leihe, gütiger Fürst, dauernden Frieden leih
Der hesperischen Flur!" Siehe, so flehen wir
Früh am nüchternen Tag, flehen wir trunken dir
    Spät, wenn Phöbus zum Meere taucht.

VORGESANG ZUM CARMEN SAECULARE

Hoher Gott, den Niobes Haus als Rächer
Eitler Prahlsucht kennt und der Räuber Tityos
Und der, halb schon Sieger der hohen Troja,
    Phthia's Achilles,

Größer zwar als alle, doch dir erliegend,
Ob er gleich, ein Sprosse der Meeresgöttin,
Wilden Kampfs mit grimmigem Speer die Burg der
    Dardaner stürmte: —

Wie gefällt von schneidender Axt die Fichte,
Wie erfaßt vom Sturm die Cypresse, also
Riesig sank er hin und im Teukrerstaube
    Streckt er den Nacken:

Er fürwahr, nie hätt er versteckt im Rosse,
Das Minerva Huldigung log, der Troer
Jammerfest und Priamus' reigenfrohe
    Burg überfallen;

Nein, o Greul, in offenem Kampfe, wütend,
Hätte der kaum lallende Kinder, hätte
Mit Archiverflammen das Kind im Mutter-
    Leibe gemordet,

Hätte nicht, durch dein und der holden Venus
Flehn erweicht der Vater der Welt gewährt, daß
Unter bessern Zeichen Aeneas neue
    Mauern erbaue: —

Doctor argutae fidicen Thaliae,　　　25
Phoebe, qui Xantho lavis amne crines,
Dauniae defende decus Camenae,
　　　Levis Agyieu.

Spiritum Phoebus, mihi Phoebus artem
Carminis nomenque dedit poetae:　　　30
Virginum primae puerique claris
　　　Patribus orti,

Deliae tutela deae, fugaces
Lyncas et cervos cohibentis arcu,
Lesbium servate pedem meique　　　35
　　　Pollicis ictum,

Rite Latonae puerum canentes,
Rite crescentem face Noctilucam,
Prosperam frugum celeremque pronos
　　　Volvere menses.　　　40

Nupta iam dices 'ego dis amicum
saeculo festas referente luces
Reddidi carmen docilis modorum
　　　Vatis Horati.'

7

Diffugere nives, redeunt iam gramina campis
　　Arboribusque comae,
Mutat terra vices et decrescentia ripas
　　Flumina praetereunt,

Gratia cum Nymphis geminisque sororibus audet　5
　　Ducere nuda choros.
Immortalia ne speres, monet annus et almum
　　Quae rapit hora diem.

Du, Thalias Lehrer, der Lyra Meister,
Phöbus, der sein Haar in des Xanthos Flut netzt,
Spende Schutz und Ruhm der Camene Daunias,
    Holder Agyieus!

Höhern Geist hat Phöbus, es hat mir Phöbus
Liederkunst verliehn und den Dichternamen:
Edle Jungfrau ihr und von hohen Vätern
    Stammende Knaben,

Junge Schar in Delias Schutze, deren
Pfeil den Hirsch und Luchs in dem flüchtgen Lauf
Achtet wohl aufs lesbische Maß und wie mein hemmt,
    Daumen den Takt schlägt;

Singet fromm ein Lied der Latona Sohne,
Fromm der glanzvoll wachsenden Himmelsleuchte,
Ihr, die Korn uns gibt und der raschen Monde
    Flüchtigen Lauf lenkt!

Noch als Gattin sagst du dereinst: ,,Auch ich sang
An dem hundertjährigen Fest ein holdes
Lied den Göttern, wie es geübt mit uns der
    Dichter Horatius.‘‘

W E C H S E L D E R Z E I T E N

Fort ist der Schnee, schon kehrt das Gras den Gefilden,
    Wiede: das wallende Haa ,   [den Bäumen
Erde, sie wechselt ihr Kleid, die Ströme, die sinkenden
    Längs den Gestaden dahin,   [gleiten

Und mit den Nymphen vereint und den Schwestern
    Nackend zu schlingen den Reihn. wagt die Charitin
Ewiges hoffe du nie! Das Jahr und die Stunde, des
    Tages Entführerin, mahnts.   [holden

Frigora mitescunt Zephyris, ver proterit aestas
  ˙Interitura, simul   10
Pomifer autumnus fruges effuderit, et mox
  Bruma recurrit iners.

Damna tamen celeres reparant caelestia lunae:
  Nos ubi decidimus,
Quo pius Aeneas, quo Tullus dives et Ancus,   15
  Pulvis et umbra sumus.

Quis scit an adiciant hodiernae crastina summae
  Tempora di superi?
Cuncta manus avidas fugient heredis amico
  Quae dederis animo.   20

Cum semel occideris et de te splendida Minos
  Fecerit arbitria,
Non, Torquate, genus, non te facundia, non te
  Restituet pietas:

Infernis neque enim tenebris Diana pudicum   25
  Liberat Hippolytum
Nec Lethaea valet Theseus abrumpere caro
  Vincula Perithoo.

8

Donarem pateras grataque commodus,
Censorine, meis aera sodalibus,
Donarem tripodas, praemia fortium
Graiorum, neque tu pessima munerum   5

Ferres, divite me scilicet artium,
Quas aut Parrhasius protulit aut Scopas,
Hic saxo, liquidis ille coloribus
Sollers nunc hominem ponere, nunc deum.

Zephyre schmelzen das Eis, es verdrängt der Sommer
    Selber entschwindend, sobald   [den Frühling,
Früchtebescherend der Herbst sein Füllhorn leert, und
    Winter, der tote, zurück.   [sofort kehrt

Ihre Verluste jedoch ersetzen die eilenden Monde:
    Wir, dahinunter gelangt,
Wo Aeneas, der fromme, wo Tullus, der reiche, und
    Schatten nur sind wir und Staub.   [Ancus,

Weiß wer, ob ihm die Götter zur heutigen Summe von
    Auch noch ein Morgen verleihn?   [Tagen
Aber dem Erben entgeht, dem gierigen, alles was deinem
    Herzen du gütlich getan.

Stiegst du einmal hinab, sprach einmal über dich Minos
    Feierlich richtend den Spruch,
Bringt dich, o Freund, nicht edle Geburt, nicht Rede-
    Fromme Gesinnung zurück: [gewalt, noch

Denn auch Diana befreit aus des Orkus Dunkel den
    Knaben Hippolytus nicht,   [keuschen
Seinen Pirithous löst auch Theseus nicht, der gewaltge,
    Aus der lethäischen Haft.

DES DICHTERS GESCHENK

O wie gern, Censorin, böte auch ich, wie gern!
Meinen Freunden zum Fest Liebesgeschenke dar,
Schalen, Becher, Gerät, goldnes, wie Griechenland
Einst den Seinen gereicht. Ja! und dann wählt ich dir

Nach Verdienst, Censorin, irgendein Meisterwerk,
Wie Parrhasius' Hand, wie es ein Skopas schuf,
Eine Heldengestalt oder ein Götterbild,
Der in farbigem Schmelz, dieser in Marmorstein.

Sed non haec mihi vis, non tibi talium
Res est aut animus deliciarum egens.   10

Gaudes carminibus; carmina possumus
Donare et pretium dicere muneri.

Non incisa notis marmora publicis,
Per quae spiritus et vita redit bonis
Post mortem ducibus, non celeres fugae   15
Reiectaeque retrorsum Hannibalis minae,

[Non incendia Karthaginis impiae]
Eius, qui domita nomen ab Africa
Lucratus rediit, clarius indicant
Laudes quam Calabrae Pierides neque   20

Si chartae sileant quod bene feceris,

Mercedem tuleris. Quid foret Iliac
Mavortisque puer, si taciturnitas
Obstaret meritis invida Romuli?

Ereptum Stygiis fluctibus Aeacum   25
Virtus et favor et lingua potentium
Vatum divitibus consecrat insulis.
Dignum laude virum Musa vetat mori,

Caelo Musa beat. Sic Iovis interest
Optatis epulis impiger Hercules,   30
Clarum Tyndaridae sidus ab infimis
Quassas eripiunt aequoribus rates,

[Ornatus viridi tempora pampino]
Liber vota bonos ducit ad exitus.

Doch es fehlt mir die Macht, und es verlangt dein Herz
Solchen Schmuckes auch nicht, noch hat ihn not dein
Haus.
Freude hast du am Lied. Nun, so empfang ein Lied
Und der Worte ein paar über den Wert des Sangs.

Nicht die Rune des Danks unter den Stein geritzt,
Welcher Leben und Geist über das Grab hinaus
Seinem Bilde verleiht, oder die schnelle Flucht
Oder Hannibals Grimm noch, als er floh, sein Fluch

Noch der lodernde Brand um die Karthagerstadt
Künden schöner das Lob, lauter des Helden Preis,
Der von Afrikas Sturz Namen und Glanz sich lieh,
Als der Musen Gesang, der aus Calabrien tönt.

Nimmer strahlet dein Ruhm, wie dein Verdienst es
heischt,
Schweigt der Dichter von dir. Mars' und der Ilia Sohn,
Sag, was wär er der Welt, wenn die Verschwiegenheit,
Was einst Romulus schuf, neidisch in Nacht gehüllt?

Ja aus stygischer Flut rettet den Äakus
Kraft und Gunst und der Mund mächtiger Sänger und
Trägt ihn ewig geweiht hin zu der Sel'gen Sitz.
Daß ein Würdiger stirbt, duldet die Muse nicht,

Selbst zum Himmel empor hebt ihn die Muse: so
Teilt des Herkules Mut Jovis ersehntes Mahl;
So reißt Helenas hell strahlendes Brüderpaar
Aus tiefunterstem Meer rettend das lecke Schiff;

So führt Liber im Schmuck grünenden Rebenlaubs
Was der Sterbliche wünscht froher Erfüllung zu.

9

Ne forte credas interitura quae
Longe sonantem natus ad Aufidum
   Non ante vulgatas per artes
      Verba loquor socianda chordis.

Non, si priores Maeonius tenet   5
Sedes Homerus, Pindaricae latent
   Ceaeque et Alcaei minaces
      Stesichorique graves Camenae

Nec siquid olim lusit Anacreon
Delevit aetas; spirat adhuc amor   10
   Vivuntque commissi calores
      Aeoliae fidibus puellae.

Non sola comptos arsit adulteri
Crines et aurum vestibus illitum
   Mirata regalesque cultus   15
      Et comites Helene Lacaena

Primusve Teucer tela Cydonio
Derexit arcu, non semel Ilios
   Vexata, non pugnavit ingens
      Idomeneus Sthenelusve solus   20

Dicenda Musis proelia; non ferox
Hector vel acer Deiphobus graves
   Excepit ictus pro pudicis
      Coniugibus puerisque primus.

Vixere fortes ante Agamemnona   25
Multi; sed omnes illacrimabiles
   Urgentur ignotique longa
      Nocte, carent quia vate sacro.

DES DICHTERS MACHT

O wähne nicht, es werde verhallen einst,
Was ich, ein Sohn des donnernden Aufidus,
  Durch Künste, wie sie keiner kannte,
    Singe, der Saite das Wort vermählend.

Wohl sitzt zu oberst jener Mäonier,
Doch birgt sich darum Pindarus' Muse nicht,
  Noch die von Cea, noch Alcäus'
    Dräuende, noch Stesichors, die ernste,

Und keine Zeit noch tilgte Anakreons
Leichttändelnd Lied; es atmet die Liebe noch,
  Noch lebt die Glut, die einst der Leier
    Jenes äolische Kind vertraute.

Nicht Lacedämons Helena glühte nur,
Von ihres Paris zierlichem Lockenhaupt,
  Von Kleidern golddurchwirkt, von Königs-
    Schimmer und Königsgefolg bezaubert;

Den ersten Pfeil vom Bogen Kydonias
Schoß Teucer nicht und nicht nur ein einzigmal
  Litt Troja, Held Idomeneus und
    Sthelenus wagten allein nicht Kämpfe

Wert des Gesangs; auch Hektor, der herrliche,
Deiphobus, der kühne, sie waren nicht
  Die ersten, die für keusche Fraun und
    Kinder den blutigen Streich empfingen.

Vor Agamemnon lebte noch mancher Held,
Doch unbeweint hält alle die lange Nacht
  Und unbekannt umfangen, denn es
    Fehlt der geheiligte Sänger ihnen.

Paulum sepultae distat inertiae
Celata virtus: non ego te meis   30
   Chartis inornatum silebo
     Totve tuos patiar labores

Impune, Lolli, carpere lividas
Obliviones. Est animus tibi
   Rerumque prudens et secundis   35
     Temporibus dubiisque rectus,

Vindex avarae fraudis et abstinens
Ducentis ad se cuncta pecuniae,
   Consulque non unius anni,
     Sed quotiens bonus atque fidus   40

Iudex honestum praetulit utili,
Reiecit alto dona nocentium
   Vultu, per obstantes catervas
     Explicuit sua victor arma.

Non possidentem multa vocaveris   45
Recte beatum, rectius occupat
   Nomen beati, qui deorum
     Muneribus sapienter uti

Duramque callet pauperiem pati
Peiusque leto flagitium timet,   50
   Non ille pro caris amicis
     Aut patria timidus perire.

10

O crudelis adhuc et Veneris muneribus potens,

Insperata tuae cum veniet pluma superbiae

Verdienst, das niemand feiert, begraben liegts
Dem gleich, der nichts tat: nimmer, o Lollius,
    Soll deinen Preis mein Lied verschweigen,
        Nimmer, ich wehr es, an deinem Lorbeer,

Dem reichen, straflos nagen die neidische
Vergessenheit; es lebt ja ein Geist in dir,
    Von Lebensweisheit voll, in guter
        Zeit so gefaßt, wie im Mißgeschicket;

Feind tückscher Habsucht strafst du sie, unbetört
Von Goldes Glanz, dem alles verblendenden,
    Ein Konsul nicht bloß eines Jahres,
        Sondern so oft du, ein treuer Richter,

Die Pflichterfüllung über den Nutzen stellst
Und hohen Blicks der Schlechten Geschenke stolz
    Verschmähst und frei durch der Versucher
        Scharen, ein siegender Held, dir Bahn brichst.

Nicht wer des Reichtums Fülle besitzt ist mir
Wahrhaft beglückt, mit größerem Rechte heißt
    Der glücklich, der, was ihm die Götter
        Schenkten zu nutzen versteht mit Weisheit,

Der harter Armut Los zu ertragen weiß
Und mehr als vor dem Tod sich vor Schande scheut:
    Ihm bangt es nicht, für teure Freunde
        Oder das heimische Land zu sterben.

LIGURINUS

O du Grausamer, der stolz auf die Huld Cyprias also
                            pocht,
Wart, Hochmütiger, wenn, eh du es denkst, Flaum um
                            das Kinn dir sproßt,

Et, quae nunc umeris involitant, deciderint comae,

Nunc et qui color est puniceae flore prior rosae

Mutatus Ligurinum in faciem verterit hispidam,   5

Dices 'heu', quotiens te in speculo videris alterum:

'Quae mens est hodie, cur eadem non puero fuit?

Vel cur his animis incolumes non redeunt genae?'

11

Est mihi nonum superantis annum
Plenus Albani cadus, est in horto,
Phylli, nectendis apium coronis,
    Est hederae vis

Multa, qua crines religata fulges.   5
Ridet argento domus, ara castis
Vincta verbenis avet immolato
    Spargier agno;

Cuncta festinat manus, huc et illuc
Cursitant mixtae pueris puellae,   10
Sordidum flammae trepidant rotantes
    Vertice fumum.

Ut tamen noris, quibus advoceris
Gaudiis: Idus tibi sunt agendae,
Qui dies mensem Veneris marinae   15
    Findit Aprilem.

Das um Schulter und Hals wallende Haar unter der
            Schere fällt,
Wenn dies blühende Rot, herrlicher als purpurner Rose
            Glut,

Hinwelkt und Ligurins glattes Gesicht Stoppel und
            Runzel ist, —
Weh, dann rufst du, so oft du dich so ganz anders im
            Spiegel schaust:
„Was mir heute das Herz fühlt, o warum fühlt ichs
            als Knabe nicht?
Herz, nun glühst du: warum kehrt mir zu dir nimmer
            der Wange Glut?"

GEBURTSTAG DES MÄCENAS

Schon ins zehnte Jahr im Gewölbe lagert
Mir ein Krug albanischen Weines, Phyllis,
Immergrün zu Kränzen beschert der Garten,
        Epheu die Fülle,

Der so reizend dir in den Locken stehet.
Rings in Silber prangt, wie du siehst, die Halle,
Der Altar im Schmuck seiner Laubgewinde
        Dürstet des Opfers.

Alles regt die Hand und bald hier- bald dorthin
Rennt es durch das Haus in geschäftger Eile
Und schon wirbelt schwarz wie die Nacht der Rauch der
        Lodernden Flamme.

Doch damit du wissest, zu welchen Freuden
Ich dich lud: Wir feiern den Tag der Iden —
Der den Mond der flutengeborenen Venus
        Teilt, den Aprilis

Iure sollemnis mihi sanctiorque
Paene natali proprio, quod ex hac
Luce Maecenas meus affluentes
    Ordinat annos.   20

Telephum, quem tu petis, occupavit
Non tuae sortis iuvenem puella
Dives et lasciva tenetque grata
    Compede vinctum.

Terret ambustus Phaethon avaras   25
Spes et exemplum grave praebet ales
Pegasus terrenum equitem gravatus
    Bellerophontem,

Semper ut te digna sequare et ultra
Quam licet sperare nefas putando   30
Disparem vites. Age iam, meorum
    Finis amorum,

Non enim posthac alia calebo
Femina. Condisce modos, amanda
Voce quos reddas: minuentur atrae   35
    Carmine curae.

12

Iam veris comites, quae mare temperant,
Impellunt animae lintea Thraciae,
Iam nec prata rigent nec fluvii strepunt
    Hiberna nive turgidi.

Nidum ponit, Ityn flebiliter gemens,   5
Infelix avis et Cecropiae domus
Aeternum opprobrium, quod male barbaras
    Regum est ulta libidines.

Heilig ist, fast heiliger dieser Tag mir
Als das Fest der eignen Geburt, verkündet
Es doch neu zuströmenden Jahres Anfang
    Meinem Mäcenas.

Schweife nicht umher mit dem Blick des Auges,
Den du suchst wird nimmer, o glaubs, der Deine;
Telephus liegt süß in dem Zaubernetz des
    Reicheren Mädchens.

Denk an Phaëton, den im Licht versengten!
Spanne nicht zu kühn Deinen Flug zur Sonne!
Auch das Flügelroß, das den Erdenreiter
    Spröde sich abwarf,

Warnt nicht blind zu sein in der eignen Schätzung,
Unbegehrt zu schaun, was der Kraft versagt ist.
So gib du auch dich, meine letzte Liebe,
    Ja meine letzte,

Denn nach dir will keiner ich mehr gehören.
Weißt du, Phyllis, sing ein vertraulich Liedchen,
Singst so silbersüß: Der Gesang wird lindern
    Kummer und Sehnen.

EIN FRÜHLINGSMAHL AN VERGIL

Siehe, Boten des Lenz, thrazische Lüfte wehn
Laulich über das Meer, blähen die Segel neu,
Wieder grünet die Flur, friedlicher rauscht der Strom
    Den kein schwellender Schnee mehr füllt.

Wieder weinend ihr Leid, weinend um Itys' Tod,
Baut sich Prokne das Nest, ewige Klägerin
Der kekropsichen Schuld. Ach! Philomelens Schmach
    Ward zu blutig, zu schwer gebüßt!

Dicunt in tenero gramine pinguium
Custodes ovium carmina fistula   10
Delectantque deum, cui pecus et nigri
    Colles Arcadiae placent.

Adduxere sitim tempora, Vergili;
Sed pressum Calibus ducere Liberum
Si gestis, iuvenum nobilium cliens,   15
    Nardo vina mereberis.

Nardi parvus onyx eliciet cadum,
Qui nunc Sulpiciis accubat horreis,
Spes donare novas largus amaraque
    Curarum eluere efficax.   20

Ad quae si properas gaudia, cum tua
Velox merce veni: non ego te meis
Immunem meditor tinguere poculis,
    Plena dives ut in domo.

Verum pone moras et studium lucri   25
Nigrorumque memor, dum licet, ignium
Misce stultitiam consiliis brevem:
    Dulce est desipere in loco.

13

Audivere, Lyce, di mea vota, di
Audivere, Lyce: fis anus et tamen
    Vis formosa videri
      Ludisque et bibis impudens

Et cantu tremulo pota Cupidinem   5
Lentum sollicitas; ille virentis et
    Doctae psallere Chiae
      Pulchris excubat in genis.

Rings auf sonniger Au weidet das Wollenvieh,
Hingelagert im Gras flötet der Hirt sein Lied
Und es freut sich der Gott, welcher die Herden liebt
    Und die Schatten Arkadiens.

Doch die Sonne, Vergil, führt auch den Durst zurück;
Sprich, verspürest du Lust, Günstling erlauchter Herrn,
Auszulöschen den Brand süß mit Falerners Saft:
    Komm mit Narden und kauf dich ein!

Glaub nur, wenig an Duft lockt einen Krug herauf
Voll vom schönsten Gewächs, wie es Sulpiz nur birgt,
Hoffnung spendenden Wein, Wein, der die Sorgen dir
    Und den Wermut des Lebens bricht.

Reizt dich solcher Genuß, nun denn, so tummle dich,
Schaff uns her dein Gewürz! Denkst du, ich soll umsonst
Dir den trockenen Gaum netzen aus meinem Kelch,
    Wie ein Krösus aus voller Hand?

Auf und säume nicht lang! Rechne den Preis nicht
Denk es lodert auch uns balde die letzte Glut.   nach!
Drum, solang es vergönnt, mische mit Lust den Ernst,
    Süß ists tollen am rechten Ort.

ALTGEWORDEN

Lyce, endlich erhört haben die Götter mich!
Lyce, endlich erhört! Wirst nun ein altes Weib,
    Und willst immer noch schön sein,
        Zechst und schäckerst noch ungescheut.

Weinschwer, zitternden Sangs, willst du den säumigen
Amor locken; doch der wählte der blühenden
    Lyrakundigen Chia
        Rosenwange zum Lager sich.

Importunus enim transvolat aridas
Quercus et refugit te quia luridi   10
   Dentes te, quia rugae
     Turpant et capitis nives.

Nec Coae referunt iam tibi purpurae
Nec cari lapides tempora, quae semel
   Notis condita fastis   15
     Inclusit volucris dies.

Quo fugit venus, heu, quove color, decens
Quo motus? quid habes illius, illius,
   Quae spirabat amores,
     Quae me surpuerat mihi,   20

Felix post Cinaram notaque et artium
Gratarum facies? Sed Cinarae breves
   Annos fata dederunt,
     Servatura diu parem

Cornicis vetulae temporibus Lycen,   25
Possent ut iuvenes visere fervidi
   Multo non sine risu
     Dilapsam in cineres facem.

14

Quae cura patrum quaeve Quiritium
Plenis honorum muneribus tuas,
   Auguste, virtutes in aevum
     Per titulos memoresque fastos

Aeternet, o, qua sol habitabiles   5
Illustrat oras, maxime principum!
   Quem legis expertes Latinae
     Vindelici didicere nuper

Denn der wilde, vorbei fliegt er am welkenden
Eichbaum, flieht er vor dir mit der verrunzelten
   Stirn, den gelblichen Zähnen
     Und dem Haupte, das Schnee bedeckt.

Nein, kein Purpur aus Kos, kein Diamantenschmuck
Bringt die Jahre zurück, die der beschwingte Tag
   Einmal unwiderruflich
     Eingetragen ins Buch der Zeit.

Liebreiz, Farbe, des Gangs Grazie, ach, wohin
Sind sie? wehe! wo blieb jene, ach jene doch,
   Die nur Liebe geatmet,
     Die mir selber mich selbst entriß,

Erbin Cinaras einst und das gefeierte
Bild holdseliger Kunst! Aber der Cinara
   Gab das Schicksal nur kurzes
     Dasein: Lyce — die spart es auf,

Die muß leben der langlebigen Krähe Zeit,
Daß einst alle die heiß glühenden Jünglinge
   Schaun mit höhnendem Lachen,
     Wie zur Asche die Fackel ward.

AUGUSTUS, DRUSUS, TIBERIUS

Wie soll der Väter, wie deines Volkes Dank
Dein Lob in Säulen würdig verherrlichen?
   Mit welchem Namen in die ewigen
     Blätter der Zeit deinen Ruhm verzeichnen,

Augustus Cäsar, größter der Herrscher du,
Soweit die Sonne segnend die Strahlen wirft!
   Noch jüngst empfand das Volk der Alpen
     Fremd dem Gesetz und der Kraft von Latium,

Quid Marte posses. Milite nam tuo
Drusus Genaunos, implacidum genus,   10
   Breunosque veloces et acres
     Alpibus impositas tremendis

Deiecit acer plus vice simplici;
Maior Neronum mox grave proelium
   Commisit immanesque Raetos   15
     Auspiciis pepulit secundis,

Spectandus in certamine Martio
Devota morti pectora liberae
   Quantis fatigaret ruinis,
     Indomitas prope qualis undas   20

Exercet Auster Pleiadum choro
Scindente nubes, impiger hostium
   Vexare turmas et frementem
     Mittere equum medios per ignes.

Sic tauriformis volvitur Aufidus,   25
Qui regna Dauni praefluit Apuli,
   Cum saevit horrendamque cultis
     Diluviem meditatur agris,

Ut barbarorum Claudius agmina
Ferrata vasto diruit impetu   30
   Primosque et extremos metendo
     Stravit humum sine clade victor,

Te copias, te consilium et tuos
Praebente divos. Nam tibi quo die
   Portus Alexandrea supplex   35
     Et vacuam patefecit aulam,

Fortuna lustro prospera tertio
Belli secundos reddidit exitus
   Laudemque et optatum peractis
     Imperiis decus arrogavit.   40

Wie scharf dein Schwert noch, Cäsar, die Feinde trifft.
Mit deinem Heer schlug Drusus der Breuner Schar,
   Die unversöhnlichen Genaunen;
     Warf, die so stolz von den Höhn geblicket,

Die Burgen nieder: reichste Vergeltung traun!
Dann traf der Bruder furchtbar in blut'gem Tanz
   Die Räter mit den Riesenleibern,
     Schlug sie in Flucht unter deinen Sternen.

Wie flog er schön im Kampfesgewühl dahin!
Wie mäht er nicht dem Tode die blutge Saat,
   Die für die Freiheit wollte sterben!
     So wie der Süd auf dem Plan des Meers

Die Wogen fegt, wenn hoch der Plejaden Kranz
Die Wolken teilt, so scheuchte da Claudius
   Des Feindes Schwärme vor sich her, hoch
     Schimmernd zu Roß, immer vorn im Feuer.

Mit Stieres Wut wälzt so in des Daunus Reich
Der Aufidus sich über sein Bette hin,
   Und seine Fluten brausend, schäumend,
     Bringen das Weh in das Glück der Fluren,

Wie Claudius da im Sturme die Eisenreihn
Der rohen Völker mächtig und kühn durchbrach,
   Und nun die Ersten wie die Letzten,
     Selbst wie gefeit, auf den Boden streckte.

Dein war die Streitmacht, dein war der Rat, August,
Auch deine Götter liehest du ihm zum Kampf,
   Am gleichen Tage, da sich einst mit
     Hafen und Schloß Alexanders Weltstadt

Dir unterworfen, schenkte Fortuna dir
Zum zweitenmal so glänzenden Kriegesschluß,
   Reicht mit des Lorbeers schönem Kranze
     Grünend zugleich dir des Friedens Palme.

Te Cantaber non ante domabilis
Medusque et Indus, te profugus Scythes
   Miratur, o tutela praesens
     Italiae dominaeque Romae.

Te fontium qui celat origines   45
Nilusque et Hister, te rapidus Tigris,
   Te beluosus qui remotis
     Obstrepit Oceanus Britannis,

Te non paventis funera Galliae
Duraeque tellus audit Hiberiae,   50
   Te caede gaudentes Sygambri
     Compositis venerantur armis.

15

Phoebus volentem proelia me loqui
Victas et urbes increpuit lyra,
   Ne parva Tyrrhenum per aequor
     Vela darem: tua, Caesar, aetas

Fruges et agris rettulit uberes   5
Et signa nostro restituit Iovi
   Derepta Parthorum superbis
     Postibus et vacuum duellis

Ianum Quirini clausit et ordinem
Rectum evaganti frena licentiae   10
   Iniecit emovitque culpas
     Et veteres revocavit artes,

Per quas Latinum nomen et Italae
Crevere vires famaque et imperi
   Porrecta maiestas ad ortus   15
     Solis ab Hesperio cubili.

Bewundernd schaut der Basken gezähmtes Volk,
Der Inder dich, der flüchtige Skythe dich,
　Du immerwacher Hort Hesperiens,
　　Hüter von Rom, die des Erdballs Herrin.

Der Nil gehorcht dir, der seine Quellen birgt,
Der Isterstrom, des Tigris empörte Flut,
　Der Ozean selbst, der drachenwimmelnd
　　Brandet und braust um den Strand Britanniens,

Die Flur des Galliers, welcher dem Tode trotzt,
Die Erde dir des störrigen Spaniers,
　Der schlachtenfrohe Sohn Sigambrens,
　　Strecket vor dir seine Wehr und huldigt.

AUGUSTUS DER FRIEDENSFÜRST

Von Schlachten wollt ich singen und Städtesieg,
Da rauschte Phöbus' Leier und warnte mich:
　„Vertraue doch dein schwaches Segel
　　Nicht der tyrrhenischen Flut!" O Cäsar,

O deine Zeit gab wieder der Heimatflur
Der Früchte Pracht, die römischen Adler riß
　Sie von des Parthers stolzen Wänden,
　　Schenkte sie unserem Gotte wieder,

Schloß Janus' Haus vom Kriege befreit und warf
Der Lust, der zuchtlos schweifenden, Zügel um,
　Sie tilgte Romas Schuld und weckte
　　Wieder die Tugend der alten Zeiten,

Durch welche Latiums Namen, Italias Macht
Sich kühn erhob, der Ruhm und der Glanz des Reichs
　Sich dehnte fern vom Sonnenaufgang
　　Bis zum hesperischen Abendlager.

Custode rerum Caesare non furor
Civilis aut vis exiget otium.
    Non ira, quae procudit enses
      Et miseras inimicat urbes.   20

Non qui profundum Danuvium bibunt
Edicta rumpent Iulia, non Getae,
    Non Seres infidive Persae,
      Non Tanain prope flumen orti.

Nosque et profestis lucibus et sacris   25
Inter iocosi munera Liberi
    Cum prole matronisque nostris,
      Rite deos prius adprecati,

Virtute functos more patrum duces
Lydis remixto carmine tibiis   30
    Troiamque et Anchisen et almae
      Progeniem Veneris canemus.·

CARMEN SAECULARE

Phoebe silvarumque potens Diana,
Lucidum caeli decus, o colendi
Semper et culti, date quae precamur
    Tempore sacro,

Quo Sibyllini monuere versus   5
Virgines lectas puerosque castos
Dis, quibus septem placuere colles,
    Dicere carmen.

Alme Sol, curru nitido diem qui
Promis et celas aliusque et idem   10
Nasceris, possis nihil urbe Roma
    Visere maius.

Solange Cäsar Hüter der Welt ist, stört
Kein Bürgerwahnsinn, keine Gewalt die Ruh,
   Kein grimmer Zorn, der Schwerter schmiedend
     Städte verfeindet und Weh auf Weh häuft.

Nicht wer da trinkt vom tiefen Danuvius
Wird Cäsars Machtspruch brechen, der Gete nicht,
   Kein Serer und kein falscher Perser,
     Nicht der am Tanaisstrom Geborne.

Und wir — am Werktag oder an heilgem Fest
Wir wollen, Bacchus' heiterer Gabe froh,
   Wenn wir vereint mit Fraun und Kindern
     Fromm zu den Himmlischen erst gebetet,

Ein festlich Lied zu lydischem Flötenschall
Nach Väterbrauch von unserer Helden Ruhm,
   Von Troja und Anchises singen
     Und dem Geschlecht der holden Venus.

SÄKULARGESANG

Phöbus und du Göttin des Walds, Diana,
Ihr des Himmels leuchtende Zier, verehrt auf
Ewig, gebt auch uns was wir erflehn in dieser
   Heiligen Stunde,

Da, Sibyllas Spruche getreu, erkorne
Mädchen und unschuldige Knaben allen
Göttern, die da schirmen die sieben Hügel,
   Singen ein Loblied.

Hehrer Sol, du, der mit dem Strahlenwagen
Bringt den Tag und nimmt, in dem ewgen Wechsel
Ewig eins, du möchtest doch Größres niemals
   Schauen als Roma!

Rite maturos aperire partus
Lenis, Ilithyia, tuere matres,
Sive tu Lucina probas vocari   15
    Seu Genitalis.

Diva, producas subolem patrumque
Prosperes decreta super iugandis
Feminis prolisque novae feraci
    Lege marita,   20

Certus undenos deciens per annos
Orbis ut cantus referatque ludos
Ter die claro totiensque grata
    Nocte frequentis.

Vosque, veraces cecinisse Parcae,   25
Quod semel dictum est stabilisque rerum
Terminus servet, bona iam peractis
    Iungite fata:

Fertilis frugum pecorisque tellus
Spicea donet Cererem corona;   30
Nutriant fetus et aquae salubres
    Et Iovis aurae.

Condito mitis placidusque telo
Supplices audi pueros, Apollo;
Siderum regina bicornis, audi,   35
    Luna, puellas.

Roma si vestrum est opus Iliaeque
Litus Etruscum tenuere turmae,
Iussa pars mutare Lares et urbem
    Sospite cursu,   40

Cui per ardentem sine fraude Troiam
Castus Aeneas patriae superstes
Liberum munivit iter, daturus
    Plura relictis:

Die du sanft zum Lichte die reife Frucht führst,
Ilithyia oder Lucina oder,
Wenn du also willst, Genitalis komm und
 Schirme die Mütter!

Göttin, laß uns Kinder erblühn und gib der
Väter Ausspruch über den Bund des Weibes
Froh Gedeihn und über die hoffnungsreichen
 Ehegesetze,

Daß nach elf Jahrzehnten, wenn der Kreis der
Zeit erfüllt, dir sicher Gesang und Spiele
Sich erneun, drei festliche Tage, gleich viel
 Liebliche Nächte.

Und ihr, wahrheitkündende Parzen, knüpfet,
Wie ihr einmal spracht und der Dinge Ausgang
Unverrückt einst zeige, das Glück der Zukunft
 Knüpft an das alte:

Reich an Vieh und Früchten umwinde Tellus
Mit dem Kranz von Ähren der Ceres Stirne;
Jovis Luft, und heilsames Naß erquicke
 Unsere Saaten!

Mild und huldvoll lege den Bogen nieder,
Gott Apoll, und höre das Flehn der Knaben!
Luna, du, zweihörnige Sternenfürstin,
 Höre die Mädchen!

Seid ihr Romas Gründer und war es Trojas
Kriegerschar, die eurem Geheiß gehorsam
Haus und Herd einst ließ und zum Tuskerstrand fuhr
 Sicheren Laufes;

Der, gefahrlos Ilios' Strand entrückt, einst
Freien Weg Aeneas gebahnt, der fromme,
Durch der Heimat Brand, um ihr mehr zu geben
 Als sie zurückließ:

Di, probos mores docili iuventae,   45
Di, senectuti placidae quietem,
Romulae genti date remque prolemque
     Et decus omne.

Quaeque vos bobus veneratur albis
Clarus Anchisae Venerisque sanguis   50
Impetret, bellante prior, iacentem
     Lenis in hostem:

Iam mari terraque manus potentes
Medus Albanasque timet secures,
Iam Scythae responsa petunt, superbi   55
     Nuper, et Indi;

Iam Fides et Pax et Honor Pudorque
priscus et neglecta redire Virtus
Audet adparetque beata pleno
     Copia cornu.   60

Augur et fulgente decorus arcu
Phoebus acceptusque novem Camenis,
Qui salutari levat arte fessos
     Corporis artus,

Si Palatinas videt aequus arces   65
Remque Romanam Latiumque felix
Alterum in lustrum meliusque semper
     Prorogat aevum;

Quaeque Aventinum tenet Algidumque,
Quindecim Diana preces virorum   70
Curat et votis puerorum amicas
     Adplicat aures.

Haec Iovem sentire deosque cunctos
Spem bonam certamque domum reporto
Doctus et Phoebi chorus et Dianae   75
     Dicere laudes.

O so gebt, ihr Götter, der will'gen Jugend
Reinen Sinn und Ruhe dem stillen Alter,
Gebt Gedeihn und Kinder und alles Schöne
    Romulus' Volke!

Und wofür euch opfert die weißen Stiere
Venus' und Anchises' erlauchter Sprößling,
Das erlang er, Sieger im Kampfe, schonend
    Gegen Besiegte;

Seinem Arm, allmächtig zu Land und Meer, und
Albas Beil, schon beugt sich ihm scheu der Meder
Skythen jüngst noch trotzig und Inder holen
    Seine Bescheide;

Und schon wagt auch Frieden und Treu und Ehre
Und der Vorzeit Zucht und vergeßne Tugend
Sich zurück; glückspendend erscheint mit vollem
    Horne der Segen.

Der die Zukunft schaut und im Glanz des Bogens
Strahlt, der neun Camenen erkorner Liebling,
Dessen Kunst heilbringend des Leibes kranke
    Glieder erleichtert,

Phöbus läßt, wenn je er mit Huld Palatiums
Zinnen schaut, Roms Macht und das Glück Italias
Ewig fort und fort und von Jahr zu Jahr stets
    Schöner erblühen;

Die da thront auf Algidus' Höhen und dem
Aventin, Diana vernimmt der Fünfzehn
Flehn und leiht ein gnädiges Ohr der Kinder
    Frommem Gebete.

Daß dies Jovis Wille und aller Götter,
Nehm ich heim als frohe. gewisse Hoffnung,
Ich Apollos Lob und Dianas kundig
    Singender Festchor.

1

Ibis Liburnis inter alta navium,
    Amice, propugnacula,
Paratus omne Caesaris periculum
    Subire, Maecenas, tuo.
Quid nos, quibus te vita si superstite   5
    Iucunda, si contra, gravis?
Utrumne iussi persequemur otium
    Non dulce, ni tecum simul,
An hunc laborem mente laturi, decet
    Qua ferre non molles viros?   10
Feremus et te vel per Alpium iuga
    Inhospitalem et Caucasum
Vel Occidentis usque ad ultimum sinum
    Forti sequemur pectore.
Roges, tuum labore quid iuvem meo,   15
    Inbellis ac firmus parum?
Comes minore sum futurus in metu,
    Qui maior absentes habet:
Ut adsidens implumibus pullis avis
    Serpentium allapsus timet   20
Magis relictis, non, ut adsit auxili
    Latura plus praesentibus.
Libenter hoc et omne militabitur
    Bellum in tuae spem gratiae,
Non ut iuvencis illigata pluribus   25
    Arat.a nitantur mea
Pecusve Calabris ante sidus fervidum
    Lucana mutet pascuis
Neque ut superni villa candens Tusculi
    Circaea tangat moenia.   30
Satis superque me benignitas tua
    Ditavit: Haud paravero
Quod aut avarus ut Chremes terra premam,
    Discinctus aut perdam nepos.

MIT DIR SEIN!

Auf leichtem Jachtschiff willst du, Freund, den
   Kolossen nun entgegenziehn,   [schwimmenden
Willst die Gefahren alle, welche Cäsar drohn,
   Mit eigener Gefahr bestehn.
Und ich? der nur, wenn du am Leben, gerne lebt,
   Der ohne dich das Leben haßt,
Soll ich, wie du es willst, der Muse pflegen, die
   Mich nur wenn du sie teilst erfreut?
Soll ich die Last des Krieges tragen, wie es sich
   Für eine Heldenseele ziemt?
Ich will sie tragen, durch der Alpen Höhen, durch
   Den unwirtbaren Kaukasus,
Ja hin bis zu des Abendlandes fernster Bucht
   Will ich dir folgen kühnen Muts.
Du fragst, wie ich, des Krieges ungewohnt und schwach
   Dir deine Last erleichtern kann?
An deiner Seite heg ich mindre Furcht um dich —
   Mit der Entfernung wächst die Furcht —
Dem Vogel gleich, dem, wenn er nackte Junge hat,
   Vorm Schlich der Schlange ärger bangt,
Wenn er die Brut allein im Nest ließ, ob er gleich
   Durch seine Gegenwart nichts hilft.
Gern kämpf ich diesen Kampf und jeden andern mit,
   Ganz deiner Güte wert zu sein,
Nicht etwa, daß der Stiergespanne mehr den Pflug
   Mir keuchend durch die Felder ziehn,
Nicht daß mein Vieh vor Sommers Glut Calabrien
   Vertausche mit lucanscher Trift,
Noch daß von Circes Stadt, dem hohen Tusculum,
   Mir eine Villa schimmern soll.
Durch deine Großmut bin ich überflüssig reich:
   Nicht samml ich Schätze, um sie dann
Ein Filz, wie Chremes, zu vergraben oder wie
   Ein lockrer Erbe zu vertun.

2

'Beatus ille qui procul negotiis,
   Ut prisca gens mortalium,
Paterna rura bubus exercet suis
   Solutus omni faenore
Neque excitatur classico miles truci   5
   Neque horret iratum mare
Forumque vitat et superba civium
   Potentiorum limina.
Ergo aut adulta vitium propagine
   Altas maritat populos   10
Aut in reducta valle mugientium
   Prospectat errantes greges,
Inutilesque falce ramos amputans
   Feliciores inserit,
Aut pressa puris mella condit amphoris   15
   Aut tondet infirmas oves;
Vel cum decorum mitibus pomis capui
   Autumnus agris extulit,
Ut gaudet insitiva decerpens pira
   Certantem et uvam purpurae,   20
Qua muneretur te, Priape, et te, pater
   Silvane, tutor finium.
Libet iacere modo sub antiqua ilice,
   Modo in tenaci gramine:
Labuntur altis interim ripis aquae,   25
   Queruntur in silvis aves
Frondesque lymphis obstrepunt manantibus,
   Somnos quod invitet leves.
At cum tonantis annus hibernus Iovis
   Imbres nivesque comparat,   30
Aut trudit acres hinc et hinc multa cane
   Apros in obstantes plagas
Aut amite levi rara tendit retia,
   Turdis edacibus dolos,

IDYLLE EINES WUCHERERS

„Dem Manne Heil, der ferne von dem Markt der Welt,
  Dem Urgeschlecht der Menschen gleich,
Das väterliche Feld mit eignen Stieren baut
  Und nichts von Geldgeschäften weiß,
Den nicht des Hornes grauser Klang zum Kampfe ruft,
  Des Meeres Wut nicht beben läßt,
Der von dem Forum, von dem Vorgemach
  Großmächtger Bürger ferne bleibt.
Dafür vermählt er mit dem schlanken Pappelbaum
  Der Rebe hochgewachsnen Schoß,
Bald schaut er aus, wie tief im Tale, ringszerstreut,
  Der Rinder Schar lautbrüllend schweift,
Bald nimmt er faule Zweige mit dem Messer weg
  Und pfropft ein edles Reis darauf.
Birgt bald im reinen Krug den klaren Honigseim,
  Bald schert er das geduldge Schaf;
Und wenn der Herbst das Haupt mit reifem Obst ge-
  Sich über das Gefild erhebt,   [schmückt
Wie selig er die selbstgepfropfte Birne dann,
  Die purpurgleiche Traube pflückt,
Dir zum Geschenk, Priapus, und o Vater dir,
  Silvanus, Hüter seiner Flur!
Behaglich streckt er unter alter Eiche jetzt,
  Jetzt in dem dichten Gras sich aus:
In hohen Ufern rollt indes der Bach dahin,
  Die Vögel girren in dem Hain,
Und rauschend dringt der Quelle Rieseln an sein Ohr
  Und lädt zu leichtem Schlummer ein.
Doch wenn des Donnergottes Winterzeit erscheint,
  Schneeflocken bringt und Regenguß,
Da hetzt er mit der Doggen Schar von da von dort
  Den grimmen Eber in das Garn,
An glatter Gabel spannt er aus das maschge Netz
  Den giergen Drosseln zum Betrug,

Pavidumque leporem et advenam laqueo gruem 35
    Iucunda captat praemia.

Quis non malarum, quas amor curas habet,
    Haec inter obliviscitur?

Quodsi pudica mulier in partem iuvet
    Domum atque dulces liberos,   40

Sabina qualis aut perusta solibus
    Pernicis uxor Apuli,

Sacrum vetustis exstruat lignis focum
    Lassi sub adventum viri,

Claudensque textis cratibus laetum pecus 45
    Distenta siccet ubera

Et horna dulci vina promens dolio
    Dapes inemptas apparet:

Non me Lucrina iuverint conchylia
    Magisve rhombus aut scari,   50

Si quos Eois intonata fluctibus
    Hiems ad hoc vertat mare,

Non Afra avis descendat in ventrem meum,
    Non attagen Ionicus

Iucundior quam lecta de pinguissimis 55
    Oliva ramis arborum

Aut herba lapathi prata amantis et gravi
    Malvae salubres corpori

Vel agna festis caesa Terminalibus
    Vel haedus ereptus lupo.   60

Has inter epulas ut iuvat pastas oves
    Videre properantes domum,

Videre fessos vomerem inversum boves
    Collo trahentis languido

Positosque vernas, ditis examen domus, 65
    Circum renidentes Lares.'

Haec ubi locutus faenerator Alfius,
    Iam iam futurus rusticus,

Den flüchtgen Hasen, den Wanderkranich fängt er ein
   In Schlingen als willkommnen Lohn.
Bei solchem Zeitvertreib — o wer vergäße da
   Der Liebeshändel Leiden nicht?
Und wenn dann noch ein keusches Weib mithelfend ihm
   Für Haus und holde Kinder sorgt, —
Vom Schlag Sabinums oder gleich des hurtigen
   Apuliers sonnverbranntem Weib, —
Wenn sie den müden Mann erwartend dürres Holz
   Aufschichtet auf dem heilgen Herd,
Die muntre Herde zur geflochtnen Hürde treibt
   Und ihr die vollen Euter leert,
Aus süßem Faß den Wein, den neuen, holt, ein Mahl
   Aus eignem Vorrat fertig macht,
O dann ist des Lucrinus Auster nicht so süß,
   Die Butte und die Brasse nicht,
Die oft der Sturm, der tosend auf des Ostens Flut
   Sich stürzt, an unsre Küsten treibt,
Dann gleitet mir kein afrisch Huhn, kein Haselhuhn
   Aus Jonien so lind hinab
In meinem Magen als vom vollsten Ast des Baums
   Gebrochen der Olive Frucht,
Als Ampfer, der die Wiesen liebt, und Malven, die
   Dem harten Leibe heilsam sind,
Ein Lamm geschlachtet an des Grenzengottes Fest,
   Ein Bock den Wölfen abgejagt.
O welche Lust bei solchem Mahl zu schauen wie
   Heimwärts die satten Schafe ziehn,
Zu schaun, wie müd den umgestürzten Pflug der Stier
   Am schlaffen Nacken nach sich schleppt,
Und wiedes reichen Hauses Schwarm, die Sklavenschar,
   Sich um die blanken Laren setzt!"
Als so gesprochen Alfius, der Wucherer,
   Bereits ein halber Bauersmann,

Omnem redegit idibus pecuniam,
    Quaerit kalendis ponere.   70

3

Parentis olim siquis inpia manu
    Senile guttur fregerit,
Edit cicutis alium nocentius:
    O dura messorum ilia!
Quid hoc veneni saevit in praecordiis?   5
    Num viperinus his cruor
Incoctus herbis me fefellit, an malas
    Canidia tractavit dapes?
Ut Argonautas praeter omnes candidum
    Medea mirata est ducem,   10
Ignota tauris illigaturum iuga
    Perunxit hoc Iasonem,
Hoc delibutis ulta donis paelicem
    Serpente fugit alite;
Nec tantus unquam siderum insedit vapor   15
    Siticulosae Apuliae
Nec munus umeris efficacis Herculis
    Inarsit aestuosius.
At siquid umquam tale concupiveris,
    Iocose Maecenas, precor,   20
Manum puella savio opponat tuo,
    Extrema et in sponda cubet.

4

Lupis et agnis quanta sortito obtigit,
    Tecum mihi discordia est,
Hibericis peruste funibus latus
    Et crura dura compede.
Licet superbus ambules pecunia,   5
    Fortuna non mutat genus.

Da trieb er all sein Geld um Monats Mitte ein,
   Um es — am ersten auszuleihn.

KNOBLAUCHGERICHT

Wer seinem Vater mit verruchter Hand einmal
   Die greise Kehle zugeschnürt,
Der esse Knoblauch, ärger noch als Schierlingssaft:
   Ihr Schnittermagen seid von Stahl!
Was für ein Gift, das mir im Unterleibe tobt!
   Ward Natternblut mir unbewußt
Mit diesem Kraut gesotten? hat Canidia
   Mir diese Höllenkost gebraut?
Als einst Medea vor den Argofahrern all
   Den schönen Führer sich erkor,
Da salbte sie mit diesem Saft ihn ein, bevor
   Er in das Joch die Stiere zwang,
Bestrich mit ihm der Nebenbuhlerin Gewand
   Und flog dann mit dem Drachen fort;
Nie brannte so des Hundsgestirnes Glut herab
   Aufs lechzende Apulerland,
Nicht griff das Nessoshemd dem starken Hercules
   Die Schultern wildern Brandes an.
Doch wenn du je nach solchem Mahle Lust bekommst,
   Mäcen, du Schelm, dann wünsch ich dir,
Dein Mädchen halte deinem Kuß die Hände vor
   Und rücke an des Bettes Rand.

DER NEUREICHE

Wie Wolf und Lamm von der Natur geschaffen sind
   Zu ewgem Haß, so du und ich:
Du, dem der Leib so oft von dem Ibererstrick,
   Der Fuß von harten Fesseln schwoll!
Ja, steig du immerhin stolz auf dein Geld umher:
   Glück ändert nicht des Mannes Art.

Videsne, sacram metiente te viam
    Cum bis trium ulnarum toga,
Ut ora vertat huc et huc euntium
    Liberrima indignatio?   10
'Sectus flagellis hic triumviralibus
    Praeconis ad fastidium
Arat Falerni mille fundi iugera
    Et Appiam mannis terit
Sedilibusque magnus in primis eques   15
    Othone contempto sedet.
Quid attinet tot ora navium gravi
    Rostrata duci pondere
Contra latrones atque servilem manum
    Hoc hoc tribuno militum?'   20

5

At o deorum quidquid in caelo regit
    Terras et humanum genus,
Quid iste fert tumultus et quid omnium
    Voltus in unum me truces?
Per liberos te, si vocata partubus   5
    Lucina veris adfuit,
Per hoc inane purpurae decus precor,
    Per improbaturum haec Iovem,
Quid ut noverca me intueris aut uti
    Petita ferro belua?'   10
Ut haec trementi questus ore constitit
    Insignibus raptis puer,
Impube corpus, quale posset impia
    Mollire Thracum pectora,
Canidia, brevibus implicata viperis   15
    Crines et incomptum caput,
Iubet sepulcris caprificos erutas,
    Iubet cupressos funebres

Siehst nicht, wenn du die heilge Straß einherstolzierst,
    Im Staatsgewand, sechs Ellen weit,
Wie, wer vorübergeht, die Blicke rechts und links
    Mit unverhaltnem Grimme dreht?
„Der Mensch da, von des Henkers Geisel so zerhaun,
    Daß selbst der Büttel müde ward,
Baut tausend Morgen auf Falernergrund und fährt
    Mit Zeltern auf der Appia,
Sitzt wie ein großer Ritter auf der ersten Bank
    Und lacht die Bill des Otho aus!
Was hilft es all der Schiffe Schnäbel schwer mit Erz
    Beschlagen in das Meer zu ziehn
Dem Räubervolk entgegen und dem Sklaventroß,
    Wenn der, ja der Tribun sich nennt?“

HEXENOPFER

„Bei allen Göttern droben, die der Erde Kreis
    Regieren und die Menschenwelt,
Was soll doch der Rumor? was soll der wilde Blick,
    Mit dem mich jedes Auge faßt?
Bei deinen Kindern — wenn Lucina je von dir
    Bei deinen angerufen ward —
Bei dieses Purpurs eitler Zier beschwör ich dich,
    Bei Juppiter, dem dies mißfällt,
Was stierst du so stiefmütterlich mich an und wie
    Ein speergetroffnes wildes Tier?“
So unter Zucken klagend stand der Knabe da,
    Beraubt des glänzenden Gewands, —
Ein jugendschöner Leib, er hätte wohl gerührt
    Selbst eines Thrakers rohe Brust; —
Da läßt Canidia, mit Natternblut das Haar
    Durchflochten und das wüste Haupt,
Aus Gräbern ausgerauftes wildes Feigenholz,
    Zypressen auch von dort geholt,

Et uncta turpis ova ranae sanguine
  Plumamque nocturnae strigis   20
Herbasque, quas Iolcos atque Hiberia
  Mittit venenorum ferax,
Et ossa ab ore rapta ieiunae canis
  Flammis aduri Colchicis.
At expedita Sagana, per totam domum   25
  Spargens Avernales aquas,
Horret capillis ut marinus asperis
  Echinus aut currens aper.
Abacta nulla Veia conscientia.
  Ligonibus duris humum   30
Exhauriebat ingemens laboribus,
  Quo posset infossus puer
Longo die bis terque mutatae dapis
  Inemori spectaculo,
Cum promineret ore, quantum exstant aqua   35
  Suspensa mento corpora:
Exsucta uti medulla et aridum iecur
  Amoris esset poculum,
Interminato cum semel fixae cibo
  Intabuissent pupulae.   40
Non defuisse masculae libidinis
  Ariminensem Foliam
Et otiosa credidit Neapolis
  Et omne vicinum oppidum,
Quae sidera excantata voce Thessala   45
  Lunamque caelo deripit.
Hic inresectum saeva dente livido
  Canidia rodens pollicem
Quid dixit aut quid tacuit? 'O rebus meis
  Non infideles arbitrae,   50
Nox et Diana, quae silentium regis,
  Arcana cum fiunt sacra,

Und Uhueier, Uhufedern, in das Blut
  Der garstgen Kröte eingetaucht,
Und Kräuter, die Iolkos und Hiberia,
  Der Gifte Heimat, hergesandt,
Und Knochen, hungernder Hündin Rachen abgejagt,
  Verbrennen in der Zauberglut.
Indes besprengt Sagana leichtgeschürzt das Haus
  Mit Wasser vom Avernersee:
Meerigelartig, einem rennenden Eber gleich,
  Starrt wild empor ihr borstig Haar.
Und Veja — kein Gewissensskrupel hält sie ab —
  Gräbt unterdes mit hartem Karst,
Schwerseufzend unter ihrer Arbeit Last, das Loch,
  Worin der Knabe eingescharrt
Bei zwei- und dreimal aufgetischtem Schaugericht
  Den langen Tag hinsterben soll —
Sein Angesicht nur ragt hervor, dem Schwimmer gleich,
  Der an dem Kinn zu hangen scheint:
Damit, wenn starr geheftet aufs versagte Mahl
  Sein Auge bräche, dann das Mark
Das ausgesogne und die trockne Leber ihr
  Zum Liebestrank verwendbar sei.
Nicht hab' dabei auch Folia von Ariminum
  Gefehlt, das männlich geile Weib,
So sagt das mußeliebende Neapel und
  Die ganze Gegend rings umher, —
Sie, die da Mond und Sterne durch thessal'sche Kunst
  Herab vom hohen Himmel reißt.
Canidia, aber, die voll Wut mit gelbem Zahn
  Am unbeschnittnen Daumen nagt,
Was spricht sie? Was verschweigt sie?" Ihr, o meines
  Stets treu erfundne Zeuginnen,   Tuns
Nacht und Diana, die ihr Schweigen auferlegt,
  Wenn das geheime Werk beginnt,

Nunc, nunc adeste, nunc in hostiles domos
    Iram atque numen vertite!
Formidulosis cum latent silvis ferae   55
    Dulci sopore languidae,
Senem, quod omnes rideant, adulterum
    Latrent Suburanae canes
Nardo perunctum, quale non perfectius
    Meae laborarunt manus.   60
Quid accidit? Cur dira barbarae minus
    Venena Medeae valent,
Quibus superbam fugit ulta paelicem,
    Magni Creontis filiam,
Cum palla, tabo munus imbutum, novam   65
    Incendio nuptam abstulit?
Atqui nec herba nec latens in asperis
    Radix fefellit me locis.
Indormit unctis omnium cubilibus
    Oblivione paelicum?   70
A, a, solutus ambulat veneficae
    Scientioris carmine!
Non usitatis, Vare, potionibus,
    O multa fleturum caput,
Ad me recurres nec vocata mens tua   75
    Marsis redibit vocibus.
Maius parabo, maius infundam tibi
    Fastidienti poculum
Priusque caelum sidet inferius mari
    Tellure porrecta super,   80
Quam non amore sic meo flagres uti
    Bitumen atris ignibus'.
Sub haec puer iam non, ut ante, mollibus
    Lenire verbis inpias,
Sed dubius unde rumperet silentium,   85
    Misit Thyesteas preces:

Jetzt steht mir hilfreich bei, auf meiner Feinde Haus
    Fall eure Macht und euer Zorn!
Jetzt, da in schauervollem Wald das Wild sich birgt,
    In süßem Schlummer aufgelöst,
Jetzt laßt Suburas Hunde zum Gespött des Volks
    Laut bellen, wenn mein Alter kommt,
Von Nardenöl umduftet, wie es köstlicher
    Nie meine Hand bereitet hat! —
Wie? was ist das? warum bewährt Medeas Gift
    Sich heute nicht, das gräßliche,
Womit sie fliehend an dem stolzen Nebenweib,
    Des Kreon Tochter, sich gerächt,
Als durch des Mantels giftgetränktes Festgeschenk
    Die junge Braut in Flammen starb?
Und doch entging mir keine Wurzel und kein Kraut.
    In rauher Wildnis tiefversteckt.
Wie? schläft er wohl auf einem Lager, das gefeit
    Ihm jede andre Liebe nimmt?
Ha ha! ich hab es! eine größre Zauberin
    Hat meinen Zauber aufgelöst.
Doch wart, o Varus, wart! ein neuer Zaubertrank —
    Du wirst noch heulen — soll dich bald
Mir wiederbringen und kein Marserzauberspruch
    Lockt dann dich wiederum zurück:
Ein stärkres Gift bereit ich dir, ein stärkeres
    Gieß ich dem spröden Manne ein,
Ja, eher sinkt ins Meer des Himmels Zelt hinab
    Und drüber streckt sich hin das Land,
Als daß du nicht in Liebe gegen mich entbrennst
    Wie Harz in düstrer Feuerglut."
Und jetzo flehte nicht mit sanften Worten mehr
    Der Knabe zu den Greulichen,
Unschlüssig, was er reden solle, brach er jetzt
    In Flüche des Thyestes aus:

Horaz 16

Venena magnum, fas nefasque, non valent
  Convertere humanam vicem.
Diris agam vos; dira detestatio
  Nulla expiatur victima.   90
Quin, ubi perire iussus exspiravero,
  Nocturnus occurram furor
Petamque vultus umbra curvis unguibus,
  Quae vis deorum est Manium,
Et inquietis adsidens praecordiis   95
  Pavore somnos auferam.
Vos turba vicatim hinc et hinc saxis petens
  Contundet obscenas anus;
Post insepulta membra different lupi
  Et Esquilinae alites   100
Neque hoc parentes, heu mihi superstites,
  Effugerit spectaculum.'

6

Quid inmerentes hospites vexas canis
  Ignavus adversum lupos?
Quin huc inanes, si potes, vertis minas
  Et me remorsurum petis?
Nam qualis aut Molossus aut fulvus Laco,   5
  Amica vis pastoribus,
Agam per altas aure sublata nives,
  Quaecumque praecedet fera.
Tu, cum timenda voce complesti nemus,
  Proiectum odoraris cibum.   10
Cave cave: namque in malos asperrimus
  Parata tollo cornua,
Qualis Lycambae spretus infido gener
  Aut acer hostis Bupalo.
An, si quis atro dente me petiverit,   15
  Inultus ut flebo puer?

„Ja, Zauberei kann Großes, alles hebt sie auf,
   Nur rächende Vergeltung nicht!
Mein Fluch verfolge euch! mein grausenvoller Fluch
   Wird durch kein Opfer ausgesühnt.
Ja wenn ich sterben muß auf euer Machtgebot,
   Erschein ich nachts als Schreckgespenst,
Mit krummen Klaun zerkratz ich euch das Angesicht —
   Das ist die Macht der Geisterwelt —
Und nimmer weichend von der unruhvollen Brust
   Verscheuch ich euch durch Angst den Schlaf.
Das Volk, es wird Gaß auf und ab mit Steinen euch
   Verfolgen, altes Schandgezücht!
Die unverscharrten Glieder zerrt der Wölfe, zerrt
   Der Leichenvögel Schar umher,
Und meinen Eltern — ach daß sie mich überlebt! —
   Wird dieses Schauspiel nicht entgehn.‟

FEIGLING

Was plagst du mir harmlose Fremdlinge, du Hund,
   Feig gegenüber einem Wolf?
Ei richte, hast du Herz, hieher dein eitles Drohn
   Und packe mich, der wieder packt!
Wie ein Molosser, wie ein falber Sparterhund,
   Des Hirtenvolkes starker Freund,
Jag ich mit hochgespitztem Ohr durch tiefen Schnee
   Vor mir daher jedwedes Wild.
Du füllst den Wald mit furchtbarem Gebell und spürst
   Nach jedem vorgeworfnen Fraß.
Hab Acht, hab Acht! der Schurken grimmer Feind
   Ich flugs das kampfbereite Horn,   [erheb
Gleich des Lykambes schnöd verschmähtem Schwieger-
   Gleich Bupalos' ergrimmtem Feind.   [sohn
Wie oder sollte, wenn ein schwarzer Zahn mich packt,
   Ich weinen wehrlos wie ein Kind?

7

Quo, quo scelesti ruitis aut cur dexteris
    Aptantur enses conditi?
Parumne campis atque Neptuno super
    Fusum est Latini sanguinis?
Non ut superbas invidae Karthaginis   5
    Romanus arces ureret,
Intactus aut Britannus ut descenderet
    Sacra catenatus via,
Sed ut secundum vota Parthorum sua,
    Vrbs haec periret dextera.   10
Neque hic lupis mos nec fuit leonibus
    Umquam nisi in dispar feris:
Furorne caecus an rapit vis acrior
    An culpa? responsum date!
Tacent et albus ora pallor inficit   15
    Mentesque perculsae stupent.
Sic est: acerba fata Romanos agunt
    Scelusque fraternae necis,
Ut immerentis fluxit in terram Remi
    Sacer nepotibus cruor.   20

8

Rogare longo putidam te saeculo,
    Vires quid enervet meas,
Cum sit tibi dens ater et rugis vetus
    Frontem senectus exaret
Hietque turpis inter aridas nates   5
    Podex velut crudae bovis.
Sed incitat me pectus et mammae putres
    Equina quales ubera
Venterque mollis et femur tumentibus
    Exile suris additum.   10
Esto beata, funus, atque imagines
    Ducant triumphales tuum,

R O M S F L U C H

Wohin, wohin, Verruchte, stürmet ihr? was soll
 Am Schwert, das kaum geruht, die Faust?
Ist über Länder, über Meere nicht genug
 Geflossen des Latinerbluts?
Nicht daß der neidischen Karthago stolze Burg
 In Römerbrand auflodere,
Nicht daß der unerreichte Brite, kettenschwer,
 Hinab die heilge Straße zieh:
Nein, daß — des Parthers höchster Wunsch — durch
 Zu Grunde gehe diese Stadt.   [eigne Hand
Nie war der Wölfe, nie der Löwen Weise dies,
 Nur fremde Brut verfolgen sie:
Reißt blinde Wut, reißt höhere Gewalt euch fort?
 Ists Sündenschuld? antwortet mir!
Sie schweigen, Todesblässe deckt ihr Angesicht,
 Wie blitzgetroffen starrt ihr Herz.
So ists: es treibt ein schwer Geschick die Römer um,
 Des Brudermordes Greueltat,
Seit zu der Erde Remus' unverschuldet Blut,
 Ein Fluch den Enkeln, niederfloß.

L E T Z T E S M I T T E L

Du fragst mich noch, von langen Jahren morsch und
 Warum ich kalt und fühllos sei?   [faul,
So frag doch deine schwarzen Zähne, deine Stirn
 Von grauem Alter längst durchfurcht,
Ja frage dein Gesäß, das sich nicht anders als
 Bei magern Kühen präsentiert!
Doch ja, dein Busen reizt mich, deine welke Brust
 Dem Euter einer Stute gleich,
Der schlaffe Bauch, die dürre Hüfte, die so stolz
 Auf dickgeschwollner Wade thront!
Sei noch so reich, es führe deinen Leichenzug
 Triumphgeschmückter Ahnen Bild,

Nec sit marita quae rotundioribus
    Onusta bacis ambulet,
Quid? quod libelli Stoici inter Sericos   15
    Iacere pulvillos amant:
Illitterati num minus nervi rigent
    Magisve languet fascinum?
Quod ut superbo provoces ab inguine,
    Ore allaborandum est tibi.   20

9

Quando repostum Caecubum ad festas dapes,
    Victore laetus Caesare
Tecum sub alta — sic Iovi gratum — domo,
    Beate Maecenas, bibam
Sonante mixtum tibiis carmen lyra,   5
    Hac Dorium, illis barbarum?
Ut nuper, actus cum freto Neptunius
    Dux fugit ustis navibus,
Minatus Vrbi vincla, quae detraxerat
    Servis amicus perfidis.   10
Romanus eheu, posteri negabitis,
    Emancipatus feminae
Fert vallum et arma miles et spadonibus
    Servire rugosis potest,
Interque signa turpe militaria   15
    Sol adspicit conopium!
Ad hoc frementes verterunt bis mille equos
    Galli canentes Caesarem,
Hostiliumque navium portu latent
    Puppes sinistrorsum citae.   20
Io Triumphe, tu moraris aureos
    Currus et intactas boves?
Io Triumphe, nec Iugurthino parem
    Bello reportasti ducem,

Auch wandle keine Römerin wie du so flott
   In schwerem Perlenschmuck daher,
Ja tu gelehrt, laß philosophsche Bücherchen
   Auf deinen seidnen Kissen ruhn:
Den Dingsda, den Analphabeten, läßt das kalt.
   Vor Bildung steht dir der nicht stramm!
Ihn aufzuschmeicheln aus der trägen, stolzen Ruh
   Vermag jetzt höchstens noch dein Mund!

NACH DER SCHLACHT BEI AKTIUM

Wann trink ich doch, o seliger Mäcen, mit dir,
   Frohlockend über Cäsars Sieg,
Im hohen Schloß — so will es Juppiter — den längst
   Fürs Fest gesparten Cäcuber,
Indes der Phrygerflöte heller Ton sich laut
   Mit dor'schen Lyraklängen mischt?
Wie damals, als verjagt vom Meer Neptunus' Sohn
   Entfloh bei seiner Schiffe Brand,
Er, der mit Ketten Rom gedroht, die er, ihr Freund,
   Treulosen Sklaven abgestreift.
Der Römer, ha, nicht glauben wirds der Enkel einst,
   Verkauft in eines Weibes Dienst,
Trägt ihr als Kriegsknecht Waff und Pfahl daher und
   Vor runzliger Kastraten sich,   [beugt
Und unter Feldstandarden — o der Schande! — schaut
   Der Sonne Blick ein Mückengarn!
Da wandten knirschend um und jauchzten Cäsar zu
   Zweitausend Gallier, hoch zu Roß,
Des Feindes Flotte birgt sich in des Hafens Bucht,
   Die Schiffe ostwärts heimgewandt.
Heil Gott des Siegs! was säumt dein goldenes Gespann,
   Dein niebejochtes Opferrind?
Heil Gott des Siegs! solch einen Feldherrn trugst du
   Heim aus Jugurthas Krieg, ihm gleicht   [nicht

Neque Africanum, cui super Karthaginem   25
  Virtus sepulcrum condidit!
Terra marique victus hostis Punico
  Lugubre mutavit sagum:
Aut ille centum nobilem Cretam urbibus
  Ventis iturus non suis   30
Exercitatas aut petit Syrtes noto
  Aut fertur incerto mari.
Capaciores adfer huc, puer, scyphos
  Et Chia vina aut Lesbia,
Vel quod fluentem nauseam coerceat   35
  Metire nobis Caecubum:
Curam metumque Caesaris rerum iuvat
  Dulci Lyaeo solvere.

10

Mala soluta navis exit alite
  Ferens olentem Maevium.
Ut horridis utrumque verberes latus,
  Auster, memento fluctibus;
Niger rudentes Eurus inverso mari   5
  Fractosque remos differat;
Insurgat Aquilo, quantus altis montibus
  Frangit trementes ilices;
Nec sidus atra nocte amicum appareat,
  Qua tristis Orion cadit;   10
Quietiore nec feratur aequore
  Quam Graia victorum manus,
Cum Pallas usto vertit iram ab Ilio
  In impiam Aiacis ratem!
O quantus instat navitis sudor tuis   15
  Tibique pallor luteus
Et illa non virilis heiulatio
  Preces et aversum ad Iovem,

Der Afrikaner nicht, dem auf Karthagos Schutt
  Sein Heldensinn ein Mal erbaut.
Besiegt zu Wasser und zu Land trägt nun der Feind
  An Purpurs Statt ein Trauerkleid:
Er mag nach Kreta gehn, der hundertstädtigen,
  Mit Winden, die für ihn nicht wehn,
Er suche sich die südgepeitschten Syrten auf,
  Er treib umher auf falscher See.
Auf! Knabe! größre Becher schaff uns nun herbei,
  Bring Chierwein und Lesbier!
Wie? oder ihn, der jeglicher Erschlaffung wehrt,
  Den Cäcuber kredenze uns!
Die Sorgen all um Cäsars Wohl — sie spüle nun
  Lyävs süßer Saft hinweg!

GELEITGEDICHT AN MAEVIUS

Gelöst zu böser Stunde läuft es aus, das Schiff,
  Das Mävius, den Stinker, trägt,
Daß du ihm ja, o Süd, die Flanken rechts und links
  Mit wildempörter Woge schlägst!
Ein schwarzer Oststurm jage Tau und Ruder ihm
  Als Trümmer durchs zerwühlte Meer;
Ein Nord, wie er im Hochgebirg die bebenden
  Steineichen bricht, erhebe sich!
Kein holder Stern erschein ihm in der Wetternacht,
  Wenn trüb Orion niedersinkt;
Nicht sanfter trag ihn übers Meer die Woge hin,
  Als einst der Griechen siegend Heer,
Da Pallas' Zorn von Trojas Brande sich hinweg
  Auf Ajax Sündenschiff gewandt!
Ha, welcher Angstschweiß wartet deines Rudervolks,
  Und deiner selbst welch blasse Furcht,
Welch weibisches Gewinsel, welches Wehgeschrei
  Zu Juppiter, dem tauben, wenn

Ionius udo cum remugiens sinus
  Noto carinam ruperit!   20
Opima quodsi praeda curvo litore
  Porrecta mergos iuverit,
Libidinosus immolabitur caper
  Et agna Tempestatibus.

11

Petti, nihil me sicut antea iuvat
Scribere versiculos amore percussum gravi,
  Amore, qui me praeter omnis expetit
Mollibus in pueris aut in puellis urere.
  Hic tertius December, ex quo destiti   5
Inachia furere, silvis honorem decutit.

Heu me, per Urbem, nam pudet tanti mali,

Fabula quanta fui! Conviviorum et paenitet,

In quis amantem languor et silentium

Arguit et latere petitus imo spiritus.   10

'Contrane lucrum nil valere candidum
Pauperis ingenium?' querebar applorans tibi,

  Simul calentis inverecundus deus
Fervidiore mero arcana promorat loco.
  'Quodsi meis inaestuet praecordiis   15
Libera bilis, ut haec ingrata ventis dividat

  Fomenta vulnus nil malum levantia,
Desinet imparibus certare summotus pudor.'

  Ubi haec severus te palam laudaveram,

Lautbrüllend von des Südes Sturm die Jonerbucht
   In Trümmer dir den Kiel zerschlägt!
Liegt dann am Strande da das fette Beutestück,
   Dem Mövenschwarm ein süßer Fraß,
Dann sei von mir ein Lämmlein und ein geiler Bock
   Den Sturmesgöttern dargebracht!

LYKISKUS

Nicht mehr, wie vordem ist mir jetzt, Pettius,
Verse zu machen Genuß: zu schwer traf mich des Amor
   Des Amor, der vor allen andern mir beschied [Pfeil,
Bald für ein Mädchen und bald für zarte Knaben zu
   Seit für Inachia ich zu schwärmen aufgehört, erglühn.
Streift der Dezember vom Wald zum drittenmal der
                       Blätter Schmuck.
   Zum Stadtgespräch, noch schäm ich dieser Schande
                       mich,
Ward ich im Mund des Volks. Fluch jenen Festgelagen,
                       wo
   Mein Schmachten und mein Schweigen, jeder Seufzer
                       ach,
Tief aus der innersten Brust mein liebekrankes Herz
                       verriet.
   „Gilt denn so gar nichts eines Armen redlich Herz
Gegen das klingende Gold?" so unter Tränen klagt ich
                       dir,
   So oft der rücksichtslose Gott der glühenden
Brust bei dem feurigen Wein ihr innerstes Geheimnis
   „Ja laß mir nur einmal die Galle ungehemmt stahl.
Brausen im Busen, o dann, dann geb ich ihn den
                       Winden preis,
   Der Klagen Trost, der mir die Wunde doch nicht heilt,
Fühle mich wieder und geb ungleichen Kampf mit dem
                       Schlechten auf."
Als ich so laut und allen Ernsts vor dir geprahlt,

Iussus abire domum ferebar incerto pede   20
    Ad non amicos heu mihi postes et heu
Limina dura, quibus lumbos et infregi latus.

Nunc gloriantis quamlibet mulierculam
Vincere mollitie amor Lycisci me tenet;

Unde expedire non amicorum queant   25
Libera consilia nec contumeliae graves,

Sed alius ardor aut puellae candidae
Aut teretis pueri longam renodantis comam.

12

Quid tibi vis, muliei nigris dignissima barris?
    Munera quid mihi quidve tabellas
Mittis nec firmo iuveni neque naris obesae?
    Namque sagacius unus odoror,
Polypus an gravis hirsutis cubet hircus in alis,   5

Quam canis acer ubi lateat sus.
Qui sudor vietis et quam malus undique membris
    Crescit odor, cum pene soluto
Indomitam properat rabiem sedare, neque illi
    Iam manet umida creta colorque   10
Stercore fucatus crocodili iamque subando

Tenta cubilia tectaque rumpit;
Vel mea cum saevis agitat fastidia verbis:
    'Inachia langues minus ac me,
Inachiam ter nocte potes, mihi semper ad unum   15
    Mollis opus: Pereat male quae te
Lesbia quaerenti taurum monstravit inertem,
    Cum mihi Cous adesset Amyntas;

Sagtest du : gehe nun heim! Mich aber trug der irre Fuß
Zur unbarmherzgen Pforte, ach, zur grausamen
Schwelle, woran ich mir so oft meine Hüfte wund-
                gedrückt.
Jetzt hält Lyciskus, dessen Reiz — er weiß es — keck
Jegliches Mädchen besiegt, mit Liebesbanden mich um-
                strickt,
Aus denen nicht der Freunde offenherzger Rat,
Mich zu erlösen vermag, nicht bittre Kränkung, nein
                nur eins,
Nur neue Liebe, seis ein Mädchen blendendweiß
Oder ein schmeidiger Knab umwallt von langer Locken
                Schmuck.

MÄDCHENSKLAGE

Ha, was willst du, o Weib, wohl eines Rhinozeros
Sendest mir Briefchen, sendest Geschenke? [würdig?
Mir, mir fehlt es an Kraft, doch nicht — an empfind-
Wittre ich doch so scharf wie nur einer, samer Nase!
Ob es wo bockt, ob sonst wo sitzt ein verborgener
                Schaden,
Schärfer fürwahr als ein Hund wo die Sau steckt.
Welch unleidlichen Schweiß und was für Modergerüche
Dringen hervor, sobald das erhitzte
Blut ihr in Wallung gerät und sie treibt, die tolle Be-
Eilend zu stillen : vermischt mit dem Schweiße [gierde
Fließt ihr die Schminke — ein schmutziger Brei — die
                Backen herab und
Tobend zerreißt sie Polster und Decke.
Oder sie schilt mich und wirft mir vor mit drohenden
  ,,Bei der Inachia bist du so faul nicht,   [Worten:
Dreimal die Nacht gehts bei der Inachia, einmal bei mir
  Immer: verdammt sei Lesbia, welche   [bloß
Als ich bei ihr mich befragt, dich ärmlichen Menschen
  Hatte ich doch den Koer Amyntas: [mir zuwies!

Cuius in indomito constantior inguine nervus
  Quam nova collibus arbor inhaeret.   20
Muricibus Tyriis iteratae vellera lanae
  Cui properabantur? Tibi nempe,
Ne foret aequalis inter conviva, magis quem
  Diligeret mulier sua quam te.
O ego non felix, quam tu fugis, ut pavet acres   25

  Agna lupos capreaeque leones!'

13

Horrida tempestas caelum contraxit et imbres

  Nivesque deducunt Iovem; nunc mare, nunc siluae

Threicio Aquilone sonant: rapiamus, amici,

  Occasionem de die, dumque virent genua

Et decet obducta solvatur fronte senectus.   5

  Tu vina Torquato move consule pressa meo,

Cetera mitte loqui: deus haec fortasse benigna

  Reducet in sedem vice. Nunc et Achaemenio

Perfundi nardo iuvat et fide Cyllenea

  Levare diris pectora sollicitudinibus,   10

Nobilis ut grandi cecinit Centaurus alumno:

  'Invicte, mortalis dea nate puer Thetide,

Wahrlich ein andrer als du! der glich dem kräftigen
  Welcher die heftigsten Stürme bestehet.   [Baume,
Wem doch wurden zu Ehren die purpurwollenen Kleider
  Eilig bereitet? nur dir! ich vermeinte
Dir bei der Freunde Gelag den Ruhm zu verschaffen,
  Hege sein Weibchen so zärtliche Liebe. [für keinen
O ich ärmste! du fliehest vor mir, wie das Lamm vor
                          dem grimmen
  Wolfe sich scheut und das Reh vor dem Löwen!"

TROST IM WEIN

Schauriges Wetter umhüllt den Himmel, in Regen und
                         Schneesturm
  Steigt Juppiter herab zu uns; unter dem thracischen
                         Nord
Brausen die Wälder und brauset das Meer: auf, meine
                         Genossen,
  Und haschet, was die Stunde beut, streift, da die
                         Knie noch frisch,
Da es noch geht, den Gram hinweg von umdüsterter
                         Stirne!
  Herbei den Wein, im Konsulat meines Torquatus
                         gepreßt!
Rede vom übrigen nichts: vielleicht, daß freundlichen
                         Wechsels
  Ein Gott ins rechte Gleis es bringt. Besser, wir gießen
                         uns jetzt
Persische Narde ins Haar, der Klang kyllenischer
                         Saiten,
  Er scheuch aus unsrer Brust die Qual grauser Be-
                         kümmernis weg!
Wie der berühmte Kentaur einst sang dem erhabenen
                         Zögling:
  „O nie besiegter, Thetis, der göttlichen, sterblicher
                         Sohn!

Te manet Assaraci tellus, quam frigida parvi

Findunt Scamandri flumina lubricus et Simois,
Unde tibi reditum certo subtemine Parcae   15

Rupere, nec mater domum caerula te revehet.

Illic omne malum vino cantuque levato,
    Deformis aegrimoniae dulcibus alloquiis.'

14

Mollis inertia cur tantam diffuderit imis
    Oblivionem sensibus,
Pocula Lethaeos ut si ducentia somnos
    Arente fauce traxerim,
Candide Maecenas, occidis saepe rogando: 5
    Deus deus nam me vetat
Inceptos, olim promissum carmen, iambos
    Ad umbilicum adducere.
Non aliter Samio dicunt arsisse Bathyllo
    Anacreonta Teium,   10
Qui persaepe caca testudine flevit amorem
    Non elaboratum ad pedem.
Ureris ipse miser: quodsi non pulcrior ignis
    Accendit obsessam Ilion,
Gaude sorte tua; me libertina neque uno   15
    Contenta Phryne macerat.

15

Nox erat et caelo fulgebat Luna sereno
    Inter minora sidera,
Cum tu magnorum numen laesura deorum
    In verba iurabas mea,

Sieh, dein harrt des Assarakus Flur, die der kleine
Skamander
Mit kühler Welle spaltet und Simois' flüchtige Flut,
Wo dir der Parzen untrüglich Gespinst abschneidet die
Rückkehr,
Von wo die blonde Mutter dich nimmer geleitet nach
Haus:
Lindre jegliches Leid dir dort mit Wein und Gesange,
Den lieblich süßen Tröstungen wider den häßlichen
Gram!

JETZT DICHTEN?

Wie es geschehn, daß tief in das Herz ein weichliches
Vergessenheit mir eingeflößt,   [Nichtstun
Gleich als hätte ich Becher, gefüllt mit lethäischem
Mit durstger Lippe ausgeleert,   [Schlaftrank,
Fragst du mich stets, mein trauter Mäcen, und fragst
Ein Gott, ein Gott verbeut es mir, [mich zu Tode:
Daß ich das lange versprochene Buch, die begonnenen
Vollende bis zum letzten Punkt.   [Jamben,
Ach, so glühte voreinst für den samischen Knaben
Der tejische Anakreon,   [Bathyllos
Der zu der hallenden Leier so oft die Schmerzen der
In freiem Silbenmaße sang.   [Liebe
Liebe verzehrt ja dich selbst: und war nicht schöner die
Die Ilios entzündet hat,   [Flamme,
Freu dich des Glücks; mich martert die freigelassne
Die nie mit einem sich begnügt.   [Phryne,

SIE KANN NICHT ANDERS

Nacht wars, strahlend erglänzte der Mond am heiteren
In kleinerer Gestirne Kreis,   [Himmel
Als du entschlossen bereits die mächtigen Götter zu
Auf meines Mundes Worte schwurst,   [täuschen

Artius atque hedera procera adstringitur ilex　5
　　Lentis adhaerens bracchiis,
Dum pecori lupus et nautis infestus Orion
　　Turbaret hibernum mare
Intonsosque agitaret Apollinis aura capillos,
　　Fore hunc amorem mutuum,　10
O dolitura mea multum virtute Neaera!
　　Nam siquid in Flacco viri est,
Non feret assiduas potiori te dare noctes
　　Et quaeret iratus parem:
Nec semel offensi cedet constantia formae,　15
　　Si certus intrarit dolor.
Et tu, quicumque es felicior atque meo nunc
　　Superbus incedis malo,
Sis pecore et multa dives tellure licebit
　　Tibique Pactolus fluat　20
Nec te Pythagorae fallant arcana renati
　　Formaque vincas Nirea,
Eheu, translatos alio maerebis amores:
　　Ast ego vicissim risero.

16

Altera iam teritur bellis civilibus aetas,

　　Suis et ipsa Roma viribus ruit.
Quam neque finitimi valuerunt perdere Marsi

　　Minacis aut Etrusca Porsenae manus,
Aemula nec virtus Capuae nec Spartacus acer　5

　　Novisque rebus infidelis Allobrox, ·
Nec fera caerulea domuit Germania pube
　　Parentibusque abominatus Hannibal,

Dichter·als Efeu rankt um den Stamm der ragenden
   Die Arme fest um mich geschmiegt,   [Eiche,
Schwurst:„So lang als der Wolf die Hürden, die Schiffer
   Durch Wintermeeressturm verfolgt,   [Orion
Als um Apolls langwallendes Haar die Zephyre spielen,
   Soll unsier Liebe Bund bestehn!"
O wie beweinst du dereinst, Neära, meinen Entschluß
   Wenn noch ein Mann in Flaccus lebt,   [noch!
Läßt er die Nächte dich nicht nur so dem Begünstigsten
   Er sucht im Zorn ein Herz wie seins: [schenken,
Fest entsagt er der einmal zur Klippe gewordenen
   Wenn ernster Schmerz sein Herz ergriff. [Schönheit,
Aber auch du, wer immer du seist, der jetzt, ein Be-
   Ob meinem Unglück triumphiert,   [glückter,
Sei du an Herden so reich, wie du willst, und an Menge
   Paktolus ströme Gold dir zu,   [der Felder,
Sei mit Pythagoras' Lehre vertraut, des wieder-
   Sei reizender als Nireus war, —   [gebornen,
Du auch jammerst dereinst ob deiner verlorenen Liebe:
   Dann wird an mir das Lacher sein!

AUSWANDERUNG NACH DEN INSELN
DER SELIGEN

Schon das zweite Geschlecht sinkt hin im Kampf der
                              Parteien,
   Und Roma stürzt zusammen durch die eigene Kraft.
Sie, die nicht zu verderben vermochte der marsische
                              Nachbar,
   Und nicht des drohenden Porsena Tuskerheer,
Capuas herrschaftsbuhlende Macht und Spartacus'
                          Grimm nicht,
   Der falsche wetterwendsche Allobroger nicht,
Die Germania nicht mit dem Trotz blauäugiger Krieger,
   Nicht Hannibal, der Väter Fluch, bezwang, — sie
                              weihn

Impia perdemus devoti sanguinis aetas,

Ferisque rursus occupabitur solum.   10
Barbarus heu cineres insistet victor et Urbem

Eques sonante verberabit ungula,
Quaeque carent ventis et solibus ossa Quirini,

Nefas videre, dissipabit insolens.

Forte quid expediat communiter aut melior pars 15

Malis carere quaeritis laboribus;
Nulla sit hac potior sententia! Phocaeorum
    Velut profugit exsecrata civitas
Agros atque lares patrios habitandaque fana

Apris reliquit et rapacibus lupis,   20
Ire pedes quocumque ferent, quocunque per undas
    Notus vocabit aut protervus Africus.
Sic placet, an melius quis habet suadere? Secunda
    Ratem occupare quid moramur alite?
Sed iuremus in haec: simul imis saxa renarint   25

Vadis lavata, ne redire sit nefas;

Neu conversa domum pigeat dare lintea, quando

Padus Matina laverit cacumina,
In mare seu celsus procurrerit Appenninus
    Novaque monstra iunxerit libidine   30
Mirus amor, iuvet ut tigres subsidere cervis,
    Adulteretur et columba miluo,
Credula nec flavos timeant armenta leones,

Wir, das Sündergeschlecht, fluchtragenden Bluts dem
Verderben,
Und wilde Tiere nehmen wieder ein das Land.
Weh, der Barbar durchschreitet als Sieger die Asche,
vom Hufschlag,
Dem lauten, seiner Rosse dröhnt die Römerstadt,
Und des Quirinus Gebeine, vor Wind und Wetter
geborgen, —
O Bild des Grauens! — streut er stolzen Hohns
umher.
Fragt ihr vielleicht, seis alle gemeinsam oder die
Bessern,
Was helfen kann so schweren Wehen zu entgehen?
Wohl! kein Rat sei besser als der: gleichwie der Phokäer
Gemeinde fluchend ihrer Stadt voreinst entfloh,
Äcker und Haus und Herd und heilige Stätten zur
Wohnung
Den Ebern und den räuberischen Wölfen ließ,
Also gehn wir, wohin uns tragen die Füße, wohin uns
Ob Nord, ob Süd, der wilde, durch die Wogen ruft!
Wollt ihr? oder hat einer uns Bessres zu raten? Die Vögel
Verheißen Glück! Was säumen wir an Bord zu gehn?
Doch erst schwören wir dies: wenn Felsen vom untersten
Meergrund
Sich hebend schwimmen, dann sei Wiederkehr er-
laubt;
Dann erst scheun wir uns nicht nach Hause die Segel zu
wenden,
Wenn des Matinus Höhen netzt des Padus Flut,
Oder ins Meer sich stürzt der erhabne Appenninus,
Wenn unerhörte, zauberhafte Liebesbrunst
Wundergebilde erzeugt, da der Tiger sich paart mit der
Und buhlerisch die Taube mit dem Falken kost, Hindin
Und zutunlich das Rind nicht bebt vor dem gelblichen
Löwen

Ametque salsa levis hircus aequora.

Haec et quae poterunt reditus abscindere dulces   35

Eamus omnis exsecrata civitas
Aut pars indocili melior grege; mollis et exspes

Inominata perprimat cubilia:
Vos, quibus est virtus, muliebrem tollite luctum,
    Etrusca praeter et volate litora.   40
Nos manet Oceanus circum vagus: arva, beata
    Petamus arva divites et insulas,
Reddit ubi Cererem tellus inarata quotannis

Et imputata floret usque vinea,
Germinat et nunquam fallentis termes olivae,   45

Suamque pulla ficus ornat arborem,
Mella cava manant ex ilice, montibus altis

Levis crepante lympha desilit pede.
Illic iniussae veniunt ad mulctra capellae

Refertque tenta grex amicus ubera,   50
Nec vespertinus circumgemit ursus ovile,
    Nec intumescit alta viperis humus.
Pluraque felices mirabimur, ut neque largis

Aquosus Eurus arva radat imbribus,
Pinguia nec siccis urantur semina glaebis,   55

Utrumque rege temperante caelitum.
Nulla nocent pecori contagia, nullius astri

Gregem aestuosa torret inpotentia.

Und glatten Leibs der Bock im salzgen Meer sich
wiegt.
Dieses und alles was sonst dir abschneidet die lockende
Heimkehr
Beschwörend laßt uns ziehn, seis die ganze Stadt,
Seis der beßre Teil des Volks, des stumpfen: der
Weichling
Der Hoffnungslose brüte fort im Pfühl des Fluchs!
Ihr, die ihr Herz noch habt, entschlagt euch weibischer
Und laßt im Flug die Tuskerufer hinter euch! Klage
Winkt doch das erdumflutende Meer: wohlan! zu den
Den Segensfluren hin, den selgen Inseln, wo Fluren,
Nicht von dem Pfluge berührt, alljährlich Getreide das
Land gibt
Und nie beschnitten immerdar die Rebe blüht,
Wo des Olivbaums Zweige, des niemals trügenden,
sprossen
Und reif die Feige prangt am ungepfropften Stamm,
Honig des Eichbaums Ritzen entquillt und rauschen-
den Fußes
Von Bergeshöhen niederhüpft der muntre Quell.
Dort kommt ohne den Treiber die Ziege heran zu dem
Melkfaß,
Die Herde reicht die vollen Euter traulich dar,
Nie umheulet bei Nacht ein Bär die Gehege der Schafe,
Und keine Natter bläht sich hoch am Boden auf.
Noch mehr Wunder erblicken wir dort, wir Glücklichen,
dort wo
Kein nasser Ost mit schwerem Guß die Felder fegt,
Kein saftstrotzender Keim in der trockenen Scholle
dahinwelkt,
Da jeglichem sein Maß bestimmt des Himmels Herr.
Dorthin lenkte noch nie ein Argossteurer den Schiffs-
kiel,
Dort stand noch nie der Fuß der frechen Kolcherin,

Non huc Argoo contendit remige pinus

Neque impudica Colchis intulit pedem,   60
Non huc Sidonii torserunt cornua nautae

Laboriosa nec cohors Vlixei.
Iuppiter illa piae secrevit litora genti,

Ut inquinavit aere tempus aureum:
Aere, dehinc ferro duravit saecula, quorum   65
    Piis secunda vate me datur fuga.

17

HORATIUS: ,Iam iam efficaci do manus scientiae,
Supplex et oro regna per Proserpinae,
Per et Dianae non movenda numina,
Per atque libros carminum valentium
Refixa caelo devocare sidera: 5
Canidia, parce vocibus tandem sacris
Citumque retro solve solve turbinem.
Movit nepotem Telephus Nereium,
In quem superbus ordinarat agmina
Mysorum et in quem tela acuta torserat;   10
Unxere matres Iliae addictum feris
Alitibus atque canibus homicidam Hectorem,
Postquam relictis moenibus rex procidit
Heu pervicacis ad pedes Achillei;
Saetosa duris exuere pellibus   15
Laboriosi remiges Ulixei
Volente Circa membra: tunc mens et sonus
Relapsus atque notus in vultus honor.
Dedi satis superque poenarum tibi,
Amata nautis multum et institoribus: 20
Fugit iuventas et verecundus color,

Dorthin wandte die Segel noch kein sidonischer
Schiffer,
Noch des Ulysses vielgeprüfte Heldenschar.
Seuchen verderben das Vieh dort nicht und keines
Gestirnes
Unbändig wilde Glut versengt der Herde Kraft.
Juppiter selbst hob jenes Gestad für ein frommes Ge-
schlecht auf,
Als er in Erz entarten ließ die goldne Zeit.
Ehern, eisern wurde die Welt, aus welcher — ein Seher
Verkünd ichs — nur dem Frommen Flucht und
Rettung wird.

CANIDIAS RACHE

HORAZ: „Jetzt erklär ich mich besiegt von deiner
Und flehe demutsvoll beim Reich Proserpinas [Kunst
Und bei Dianas unverletzbar heilger Macht
Und bei den magischen Gesängen, deren Kraft
Herab vom Firmamente ruft der Sterne Chor:
Halt mit den Zaubersprüchen ein, Canidia,
Und laß zurück, zurück sich drehn das rasche Rad!
Den Nereusenkel hat ja Telephus erweicht,
Obgleich er stolz der Myser Scharen gegen ihn
Geordnet und den scharfen Speer auf ihn geschnellt;
Den Männerwürger Hektor, Hunden schon geweiht
Zum Fraß und wilden Vögeln, salbten Trojas Fraun
Nachdem der König seine Burg verlassen und
Achill, dem unbeugsamen, sich zu Füßen warf;
Die borstigrauhe Leibeshülle warf hinweg
Die Ruderschar des vielgeprüften Ithakers, —
So wollt es Circe; Sprache und Bewußtsein und
Die alte Menschenwürde kehrte neu zurück.
Genug, ja mehr als gnug schon hab ich dir gebüßt,
O holder Schatz des Schiffer- und des Krämervolks!
Die Jugend ist dahin, der Wangenröte Schmuck,

Reliquit ossa pelle amicta lurida,
Tuis capillus albus est odoribus,
Nullum a labore me reclinat otium;
Urget diem nox et dies noctem, neque est 25

Levare tenta spiritu praecordia.
Ergo negatum vincor ut credam miser,
Sabella pectus increpare carmina
Caputque Marsa dissilire nenia.
Quid amplius vis? O mare et terra, ardeo, 30
Quantum neque atro delibutus Hercules
Nessi cruore nec Sicana fervida
Virens in Aetna flamma: tu, donec cinis
Iniuriosis aridus ventis ferar,
Cales venenis officina Colchicis. 35
Quae finis aut quod me manet stipendium?
Effare: iussas cum fide poenas luam,
Paratus expiare seu poposceris
Centum iuvencos sive mendaci lyra
Voles sonare: 'tu pudica, tu proba 40
Perambulabis astra sidus aureum.'
Infamis Helenae Castor offensus vice
Fraterque magni Castoris victi prece
Adempta vati reddidere lumina:
Et tu, potes nam, solve me dementia, 45
O nec paternis obsoleta sordibus
Neque in sepulcris pauperum prudens anus
Novendiales dissipare pulveres.
Tibi hospitale pectus et purae manus 50
Tuosque venter Pactumeius, et tuo
Cruore rubros obstetrix pannos lavit,
Utcunque fortis exsilis puerpera.'
CANIDIA:
,Quid obseratis auribus fundis preces? 55
Non saxa nudis surdiora navitis

Von gelber Haut umzogne Knochen blieben nur,
Gebleicht von deinen Zaubersalben ist mein Haar
Und keine Ruh erquickt mich nach des Tages Last.
Die Nacht verdrängt den Tag, der Tag verdrängt die
                              Nacht.
Doch freier atmet die beklommne Brust mir nicht.
Nun glaub ich Armer — denn ich muß —was ich be-
Sabeller Sprüche fahren durch der Seele Mark, [stritt:
Vom Zaubersang der Marser springt das Haupt entzwei!
Was willst du noch? O Meer, o Erde, welche Glut!
Benetzt von Nessos' schwarzem Blute brannte so
Herakles nicht, so glüht Sicilias Flamme nicht
In Aetnas Feuerschlund: du loderst fort und fort,
Giftküche kolchischen Getränks, bis ich gedörrt
Zu Staub ein höhnisch Spiel mutwillger Winde bin.
Wo soll das enden? welche Büßung harret mein?
O sprich! getreulich duld ich, was du auferlegst,
Bereit zur Sühne, ob der Stiere hundert du
Begehrst, ob lügnerisches Lob ertönen soll
Von meiner Leier: „Du, der Zucht, der Tugend Bild,
Du sollst am Himmel wandeln als ein goldner Stern!"
Auch Kastor und des großen Kastor Bruder gab,
Obwohl beleidigt durch die Kränkung Helenas,
Dem Sänger durch sein Flehn das Augenlicht:
Erlös auch du — du kannst ja — mich vom irren Sinn,
O du, die keine niedrige Geburt befleckt,
Du, keine jener Alten, die am neunten Tag
Der Armen Gräber plündern, ihren Staub verstreun!
Dein Herz ist mitleidvoll und rein ist deine Hand,
Und Pactumejus deines Leibes echte Frucht,
Von deinem Blute wird das Linnenzeug gefärbt,
So oft du tapfer aus dem Wochenbette springst."
CANIDIA:
„Wozu dein Flehn? nicht dringt es zum verschloßnen
Nicht tauber gegen nackte Schiffer ist der Fels, [Ohr!

Neptunus alto tundit hibernus salo.
Inultus ut tu riseris Cotytia
Vulgata, sacrum liberi Cupidinis,
Et Esquilini pontifex venefici
Impune ut Vrbem nomine inpleris meo?
Quid proderat ditasse Paelignas anus   60
Velociusve miscuisse toxicum?
Sed tardiora fata te votis manent:
Ingrata misero vita ducenda est in hoc,   65
Novis ut usque suppetas laboribus.
Optat quietem Pelopis infidi pater,
Egens benignae Tantalus semper dapis,
Optat Prometheus obligatus aliti,
Optat supremo collocare Sisyphus   70
In monte saxum; sed vetant leges Iovis.
Voles modo altis desilire turribus,
Modo ense pectus Norico recludere
Frustraque vincla gutturi nectes tuo
Fastidiosa tristis aegrimonia.   75
Vectabor umeris tunc ego inimicis eques
Meaeque terra cedet insolentiae.
An quae movere cereas imagines,
Ut ipse nosti curiosus, et polo
Deripere lunam vocibus possim meis,   80
Possim crematos excitare mortuos
Desiderique temperare pocula,
Plorem artis in te nil agentis exitus?

An den das Meer mit sturmempörter Woge schlägt.
Straflosen Spottes hättest du Cotytos Fest,
Des freien Liebesgottes heilgen Dienst entweiht,
Du hättest straflos mich zum Stadtgespräch gemacht,
Du Oberpriester esquilinischer Magie?
Was hälf es mir, daß ich Pälignerweiber reich
Gemacht, daß ich ein schneller wirkend Gift erfand?
Nein! später als du wünschtest, soll der Tod dir nahn,
Sollst jammervoll fortleben, dir zur eignen Last,
Zu neuen, immer neuen Qualen aufbewahrt.
Nach Ruhe sehnt des falschen Pelops Vater sich,
Stets darbend bei stets voller Tafel, — Tantalus,
Sehnt sich Prometheus festgeschmiedet für den Aar,
Es sehnt sich Sisyphus hoch auf des Berges Haupt
Den Block zu wälzen: aber Jovis Spruch verbeuts!
So wirst auch du, des langen Jammerlebens satt,
Dein Ende suchen, seis durch Sprung vom Turm herab,
Seis durch ein norisch Schwert auf deine Brust gezückt,
Seis durch ein Seil für deinen Hals gedreht — umsonst!
Dann reit ich auf des Feindes Nacken stolz einher
Und schaue triumphierend auf der Erde Rund.
Ich, deren Macht Bewegung leiht dem Wachsgebild —
Bezeug es selbst, Neugieriger! — ich, die den Mord
Durch ihren Spruch herab vom Firmamente reißt,
Verbrannter Toten Staub zu neuem Leben weckt
Und Tränke heißer Liebesglut zu mischen weiß,
Ich sollte kläglich scheitern sehn an dir die Kunst?"

Horaz

Horaz lebte von 65 bis 8 vor Christus. Er wurde
als Sohn eines Freigelassenen in der gutenteils von
Juden bewohnten süditalienischen Stadt Venusia
geboren. Den höheren Studien oblag er in Rom und
Athen. Während des auf Caesars Tod folgenden
Bürgerkriegs war er Anhänger der aristokratisch-
republikanischen Partei, also der seiner vornehmen
Studienfreunde. Er brachte es rasch zum Militär-
tribunen, d. h. etwa Stabsoffizier. Als Dreiundzwanzig-
jähriger hatte er Anteil an der Niederlage bei Phi-
lippi. Nachher wurde er scriba quaestorius, Beamter
beim Finanzamt. Den großen sozialen Aufstieg brachte
die in des Dichters siebenundzwanzigstem Lebensjahr
beginnende Freundschaft mit Maecenas, des Kaisers
oberstem Gehilfen. Diesen oblag es, die Intellektuellen
für die neue Monarchie zu gewinnen.

Höfling wurde der Dichter nie, er wahrte seine Frei-
heit gegenüber dem Kaiser wie dem Kanzler und freute
sich, immer wieder zum überwiegenden Umgang mit
sich selbst auf das von Maecenas ihm überlassene
Landgut in den Sabinerbergen flüchten zu können.

Außer den hier vorgelegten Oden schrieb er in dem
der Prosa zunächstkommenden hexametrischen Vers-
maß Satiren und Episteln, in denen zumeist gesell-
schaftliche, philosophische, literarische Erscheinungen
und Fragen erörtert werden.

Horaz war angesichts der damals noch geringen
Schmiegsamkeit seiner Muttersprache mit Recht sehr
stolz darauf, als erster in größerem Umfang die lyri-
schen Formen der Griechen, besonders der Sappho

und des Alkaios, in die lateinische Poesie eingeführt
zu haben.

Die kühne Prophezeiung, die er im letzten Gedicht
des dritten Buches über die Dauer seines Nachruhms
ausspricht, wurde mehr als erfüllt. Er gehört zu
den unabsetzbaren Größen der Weltliteratur. Stärkste
Verdichtung verbindet er mit makelloser Klarheit. Er
ist Romane. Man soll den Apfelbaum nicht tadeln,
weil er keine Birnen trägt.

ANMERKUNGEN

I 28: Archytas: Pythagoreischer Philosoph und Staatsmann,
um 360 v. Chr. bei einem Schiffbruch am Vorgebirge
Matinum in Apulien umgekommen.
Panthoos: Pythagoras, der Verkünder der Seelen-
wanderung, erklärte, er habe als Euphorbos, Sohn des
Panthoos, schon zur Zeit des Trojanischen Krieges
gelebt. Er behauptete einen im Heratempel zu Argos
aufgehängten Schild als Euphorbos getragen zu haben.
Als man den Schild herabnahm, fand man den Namen
Euphorbos eingegraben.

I 32: Lesbos' Bürger: Der Dichter Alkaios.

III 8: März Kalenden: Calendae femineae, ein besonders von
den Ehefrauen begangenes Fest der Geburtsgöttin
Juno Lucina.

III 16: Augurs Geschlecht: Eriphyle verriet ihren Gemahl, den
Seher Amphiaraos, um eines Goldschmucks willen und
wurde deshalb von ihrem Sohn Alkmaion getötet. Den
Mazedonischer Mann: König Philipp.
Bacchus Geschenk ein Lästrygonenkrug: Formianer
Wein ist gemeint; Formiae galt als Gründung des
Lästrygonenkönigs Lamos.

III 17: Mydonien: Phrygien.
Alyattisches Reich: Alyattes, Vater des Kroesus, König
von Lydien.
Die Lamia: sie sind eine reiche Bankierfamilie.

IV 2: Dirkes Schwan: Pindar. Dirke ist ein von Pindar oft erwähntes Flüßchen bei Theben.

So glückt besser dir das Triumphlied Cäsars: Jullus Antonius, an den die Ode gerichtet ist, dichtete selbst.

IV 4: Neronen: Drusus, Stiefsohn des Augustus, stammt aus dem Haus der Neronen.

Metaurus' Ufer: 207 v. Chr. wurde Hasdrubal von C. Claudius Nero am Fluß Metaurus besiegt.

IV 12: Sulpiz: Besitzer eines großen Weinlagers in der Nähe des Aventin.

Carmen Saeculare: Ein Doppelchor von Knaben und Mädchen sang diesen Hymnus am 3. Juni 17 v. Chr. bei den zu Ehren vornehmlich des Apollo und der Diana abgehaltenen Ludi sacculares.

Epodon 3: Das hier gemeinte Gericht Moretum, ein Bauernessen, bestand aus Knoblauch, Zwiebel, Sellerie, Käse, Öl, Essig, Koriander, Raute.

Epodon 4: Das vom Tribunen Otho eingebrachte Gesetz behielt die vierzehn ersten Sitzreihen im Theater den Rittern vor.

Epodon 5: Subura: Verrufner Stadtteil Roms, Canidias Wohnsitz.

Epodon 7: Lykambes Schwiegersohn: Der große Jambendichter Archilochus soll durch seine Verse den Lykambes, der ihm seine Tochter Neobule zuerst versprach und dann verweigerte, in den Tod getrieben haben.

Bupals' Feind: Als der Bildhauer Bupalos den mißgestalteten Jambendichter Hipponax karikiert hatte, wurde er von jenem in Spottversen aufs grausamste angegriffen.

Epodon 9: Neptunus' Sohn: S. Pompeius, des Oktavianus Gegner, ließ sich Sohn des Neptun nennen.

Epodon 10: Maevius: Dichterling, Gegner der damals modernen Literatur.

Epodon 13: Der berühmte Centaur dem erhabenen Zögling: Chiron dem Achill.

Epodon 17: Nereusenkel: Achilles. Er heilte den Telephus durch die Berührung mit dem Speer, der ihn verwundet.

Sänger: Stesichorus hatte in einem Lied die Helena verletzt. Deren Brüder, Kastor und Pollux, blendeten ihn zur Strafe, gaben ihm aber das Augenlicht wieder, nachdem er seine Schmähung widerrufen hatte.

VERSMASSE DES HORAZ

A
MASSE AUS GLEICHEN VERSEN

1. Jambischer Trimeter

‿⏑‿⏑‿⏑‿⏑‿⏑‿⏑

2. Kleiner asklepiadeischer Vers

⏑‿⏑⏑‿ | ⏑⏑‿⏑⏓

3. Größerer asklepiadeischer Vers

⏑‿⏑⏑‿ | ⏑⏑‿ | ⏑⏑‿⏑⏓

B
DISTICHISCHE MASSE

4. Jambisches Distichon

‿⏑‿⏑‿⏑‿⏑‿⏑‿⏑
‿⏑‿⏑‿⏑‿⏑

5. Asklepiadeisches Distichon

⏑‿⏑⏑⏑‿⏑
⏑‿⏑⏑‿ | ⏑⏑‿⏑⏓

6. Erstes pythiambisches Distichon

⏑⏖⏑⏖⏑⏖⏑⏖⏑⏖⏑⏑
‿⏑‿⏑‿⏑‿⏑

7. Zweites pythiambisches Distichon

⏑⏖⏑⏖⏑⏖⏑⏖⏑⏖⏑⏑
‿⏑‿⏑‿⏑‿⏑‿⏑

8. Alkmanisches Distichon

⏑⏖⏑⏖⏑⏖⏑⏖⏑⏖⏑⏑

⏑⏖⏑⏖⏑⏖⏑⏑

9. Erstes archilochisches Distichon

⏑⏖⏑⏖⏑⏖⏑⏖⏑⏖⏑⏑
⏑⏖⏑⏖⏓

10. Zweites archilochisches Distichon

‒⏑⏑‒⏑⏑‒⏑⏑‒⏑⏑‒⏑⏑‒⏑
‒⏑‒⏑‒⏑‒⏑̆|‒⏑⏑‒⏑⏑⏓

11. Drittes archilochisches Distichon

‒⏑‒⏑‒⏑‒⏑‒⏑‒⏑⏓
‒⏑⏑‒⏑⏑⏓|‒⏑‒⏑‒⏑‒⏑⏓

12. Viertes archilochisches Distichon

‒⏑⏑‒⏑⏑‒⏑⏑‒⏑⏑|‒⏑‒⏑‒⏑‒
‒⏑‒⏑‒⏑‒⏑‒⏑‒

13. Hipponakteisches Distichon

‒⏑‒⏑‒⏑⏓
⏑‒⏑‒⏑‒⏑‒⏑ ‒‒

14. Sapphisches Distichon

‒⏑⏑‒⏑‒‒
‒⏑‒‒‒⏑⏑‒⏑|‒⏑⏑‒⏑‒‒

C
STROPHEN AUS VIER VERSEN

15. Erste asklepiadeische Strophe:

‒‒‒⏑⏑‒|‒⏑⏑‒⏑⏓
‒‒‒⏑⏑‒|‒⏑⏑‒⏑⏓
‒‒‒⏑⏑‒|‒⏑⏑‒⏑⏓
‒‒‒⏑⏑‒⏑⏓

16 Zweite asklepiadeische Strophe.

‒‒‒⏑⏑‒|‒⏑⏑‒⏑⏓
‒‒‒⏑⏑‒|‒⏑⏑‒⏑⏓
‒‒‒⏑⏑‒‒
‒‒‒⏑⏑‒⏑⏓

17. Sapphische Strophe

‒⏑‒‒‒⏑⏑‒⏑‒‒
‒⏑‒‒‒⏑⏑‒⏑‒‒
‒⏑‒‒‒⏑⏑‒⏑‒‒
‒⏑⏑‒⏑

18. Alkäische Strophe

$$\bar{\cup}\bot\cup\bot\_\bot\cup\cup\bot\cup\underset{.}{\cup}$$
$$\bar{\cup}\bot\cup\bot\_\bot\cup\cup\bot\cup\underset{.}{\cup}$$
$$\bar{\cup}\bot\cup\bot\_\bot\cup\bot\bar{\cup}$$
$$\bot\cup\cup\bot\cup\cup\bot\cup\bot\bar{\cup}$$

D

SYSTEM AUS GLEICHEN VERSFÜSSEN

19. Jonisch-aufsteigendes System

$$\cup\cup\bot\_\cup\cup\bot\_$$
$$\cup\cup\bot\_\cup\cup\bot\_$$
$$\cup\cup\bot\_\cup\cup\bot\_\cup\cup\bot\_$$
$$\cup\cup\bot\_\cup\cup\bot\_\cup\cup\bot\_$$

TUSCULUM-BIBLIOGRAPHIE

I. TUSCULUM-BÜCHER

1. Horaz. Carmina. Sämtl. Oden u. Epoden. 3.—5. Tsd. Hrsgg. von Prof. Dr. Burger. 296 S. Halbl. 4.50, Gzl. 5.—.
2./3. Tacitus. Tiberius. Annalen 1—6. Übertragg. v. Priv.Doz. Dr. Maenner. 2 Bde. 506 S. Halbl. 8.— Gzl. 10.—.
4. Ovid. Liebeskunst. Ungekürzt. 3.—5. Tsd. Nach Hertzberg hrsgg. von Prof. Dr. Burger. 240 S. Halbl. 4.50 Gzl. 5.—.
5. Aischylos. Die Perser. Neue Übertragung von Dr. Lange. 102 S. Halbl. 2.85 Gzl. 3.50.
6. Plutarch. Kinderzucht. Nach der Übersetzg. von Seliger bearb. von Fritz Zahn. 58 S. Halbl. 2.— Gzl. 2.50.
7. Lukian. Tod des Peregrinus. Neue Übertragg. von O'studdir. Dr. Nestle. 56 S. Halbl. 2—. Gzl. 2.50.
8. Alkiphron. Hetärenbriefe. Neue vollst. Übertragg. von Dr. Plankl. 75 S. Halbl. 2.50 Gzl. 3.—.
9. Catull. Gedichte. Nach Heyse, Amelung, Brod u. andern hrsgg. von Dr. Schöne. 200 S. Halbl. 4.— Gzl. 4.75.
10. Sophokles. Antigone. Neue Übertragung von Dr. Barthel. 118 S. Halbl. 3.— Gzl. 3.75.
11. Heraklit. Fragmente. Neue Übertragung von Priv.Doz. Dr. Snell. 49 S. Halbl. 1.70 Gzl. 2.20.
12. Plato. Gastmahl. Nachgelassene Übertragung von Franz Boll †. 206 S. Halbl. 4.— Gzl. 4.75.

II. TUSCULUM-SCHRIFTEN

Eine Kulturgeschichte des Altertums in Einzeldarstellungen.
Jedes Heft 65 Pfennig

1. Antike Mysterien von Prof. Dr. Burger. 32 S. 4.—6. Tsd.
2. Griechische Frauen von Prof. Dr. Burger. 49 S. 2. durchges. Aufl. 4.—6. Tsd.
3. Antike Technik von O'studdir. Dr. Stemplinger. 40 S.
4. Freundschaft und Knabenliebe von Ghrat. Prof. Dr. Kroll. 40 S.
5. Kunst und Künstler im antiken Urteil von Prof. Dr. Poeschel.
6. Antike Mode von Max von Boehn. 56 S.
7. Antike Heilkunde von Univ.Prof. Dr. Sigerist. 52 S.
8. Antike Stenographie von O'studdir. Dr. Mentz. 36 S.
9. Buchhandel im Altertum von O'studdir. Dr. Stemplinger. 40 S.
10. Gaukler im Altertum von Prof. Dr. Gaheis. 36 S.
11. Antike Küche von Prof. Dr. Bilabel. 54 S.
12. Antike Jagd von Joh. Overbeck. 40 S.
13.—15. Weinbau im Römerreiche von Dr. Remark. 120 S. 2.— Ganleinen 3.—.

III. TUSCULUM-KALENDER

Auf das Jahr 1926. Enthält 300 antike zweisprachige Aphorismen nach Themen geordnet. Früher 3.—, jetzt 1.—.

IV. ANTIKE SCHWIMMKUNST

Von Prof. Dr. Erwin Mehl, Lektor für Geschichte und Theorie der Leibesübungen an der Universität in Wien, Leiter der Wiener Universitätsturnanstalt. Die erste Darstellung des Gesamtgebietes mit Darbietung des vollständigen Quellenmaterials aus geschichtlicher und vorgeschichtlicher Zeit. Mit 21 Abbildungen im Text und 13 Abbildungen auf Tafeln. 140 S. 4°. Broschiert 4.—, Ganzleinen 5.—